Dr. Hubert Zierl

BERCHTESGADENER LAND

Festspiele der Natur

Deutschlands Landschaften – Südost Bayern

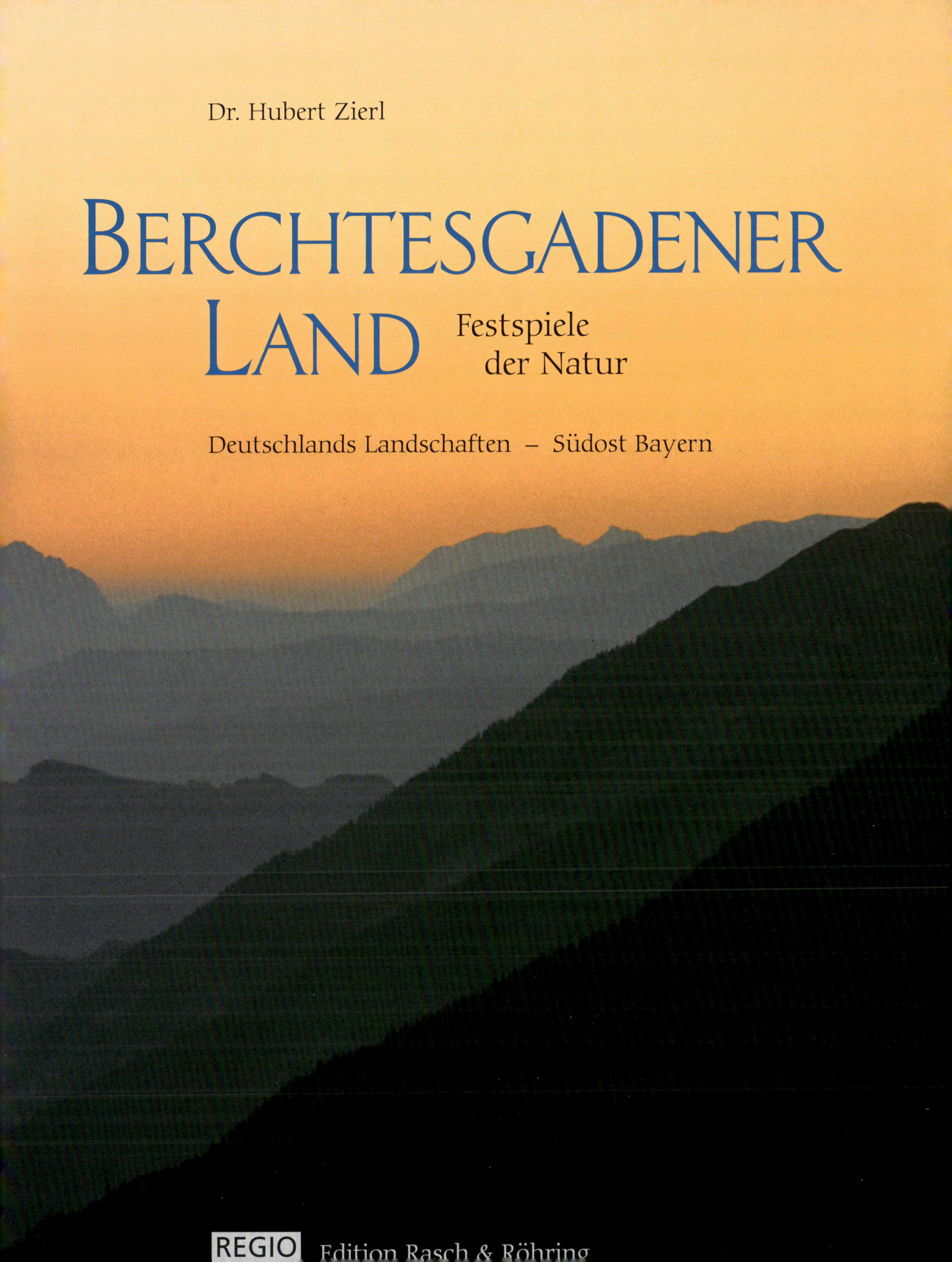

REGIO Edition Rasch & Röhring

Der Inhalt dieses Buches wurde auf Papier
mit chlorfrei gebleichtem Zellstoff gedruckt.
Das Einbandmaterial ist recyclebar.

Die Deutsche Bibliothek – CIP Einheitsaufnahme

Berchtesgadener Land, Festspiele der Natur
Dr. Hubert Zierl – Steinfurt
Edition Rasch & Röhring
ISBN 3-934427-22-7
NE: Zierl, Hubert

1. Auflage August 2002

Siemensstraße 4, D-48565 Steinfurt

Karte: W. Krabichler, Kitzbühl
Redaktion und Lektorat: Stefanie Tecklenborg
Gesamtherstellung: Druckhaus Tecklenborg, Steinfurt

ISBN 3-934427-22-7

Vom Hohen Brett (links) zum Schneibstein verläuft die deutsch-österreichische Grenze. Die blaue Winterstimmung vermittelt den Eindruck von Kälte und Lebensfeindlichkeit. In Wirklichkeit legt die Natur nur eine Ruhepause ein. Der nächste Frühling kommt bestimmt.

Inhalt

„Die Gegenden von Salzburg und Berchtesgaden, von Neapel und Konstantinopel halte ich für die schönsten der Erde."

So der weitgereiste, welterfahrene Alexander von Humboldt vor gut 200 Jahren. Heute teilen Millionen von Menschen rund um die Welt seine Meinung. Sie verbinden mit Berchtesgadener Land, Königssee und Watzmann unvergessliche Bilder einer herrlichen, unberührten und überwältigenden Natur und einer bezaubernden, in vielen Jahrhunderten geformten Kulturlandschaft:

- ausgedehnte Wiesen und Wälder unter steil aufragenden Felsen;
- tief in die Täler eingebettet kleine Städte und Marktflecken wie Berchtesgaden oder Ramsau;
- zerstreut liegende Einzelhöfe, die sich die Hänge hinaufziehen;
- oben in den Hochlagen die Almen, auf denen in den Sommermonaten das Weidevieh steht;
- spektakulärer Höhepunkt dieser Kulisse der smaragdgrüne Königssee mit der Barockkapelle Sankt Bartholomä und dem idyllisch gelegenen Jagdschlösschen;
- und darüber der sich mächtig auftürmende Watzmann, seit den Malern Caspar David Friedrich und Ludwig Richter bildgewordene Inkarnation der gewaltigen, majestätischen Alpennatur.

Über Jahrhunderte hinweg war das Land der Fürstprobstei Berchtesgaden ein eigener kleiner Staat zwischen Bayern und Salzburg. Obwohl seit 1810 zu Bayern gehörig, ist noch viel von dieser früheren Selbstständigkeit zu spüren - in Architektur, Brauchtum, Mundart und Selbstverständnis der Menschen.

In das neue Königreich Bayern brachte das Berchtesgadener „Landl" damals als wertvolle Mitgift sein Salz ein, um das seine beiden begehrlichen Nachbarn Bayern und Salzburg jahrhundertelang gestritten hatten, mit Prozessen bis hin zu regelrechten Salzkriegen. Auch heute ist der größte Reichtum des Berchtesgadener Landes eine Gabe der Natur: seine einzigartige Landschaft. Der moderne Tourismus, der zu Anfang des 19. Jahrhunderts einsetzte, hat in Bayern hier seine Wurzeln.

Wegbereiter war das bayerische Königshaus. Begeistert von der herrlichen Landschaft machte es Berchtesgaden 1813 zu seiner offiziellen Sommer- und Jagdresidenz und über Jahrzehnte hinweg zu seinem beliebtesten Urlaubsziel - und damit zu einem gesellschaftlichen „Muss" für Hof, Künstler und mondäne Welt.

Seither zieht das „Landl" jährlich hunderttausende von Urlaubsgästen in seinen Bann. Zum Schutz dieser einzigartigen Natur wurde das Gebiet um den Watzmann 1978 zum Nationalpark erklärt. Als einziger deutscher Hochgebirgsnationalpark besitzt er eine außergewöhnliche, seltene Pflanzen- und Tierwelt. Alpenrose, Enzian und Edelweiß sind genauso zuhause wie Gams, Steinbock und Murmeltier. Hoch oben zieht der König der Lüfte, der Steinadler, seine Kreise.

Im Nationalpark Berchtesgaden darf Natur noch Natur sein. Auf dem weit überwiegenden Teil der Fläche wird auf jeglichen menschlichen Eingriff verzichtet. Wälder dürfen natürlich altern, zusammenbrechen und sich von selbst wieder verjüngen. 240 km Wanderwege und alpine Steige lassen die Besucher dieses einzigartige Schauspiel der Natur erleben.

„Herr, wen Du lieb hast, den lässest Du fallen in dieses Land",

schrieb Ludwig Ganghofer. Der moderne Urlaubsgast kann hundert Jahre später das Berchtesgadener Land wesentlich komfortabler erreichen. Doch auch er wird erfahren, so wie der Leser und Betrachter dieses schönen Buches, dass das „Landl" ein besonderes Gottesgeschenk ist, über das wir uns von Herzen freuen dürfen, das wir aber für künftige Generationen auch sorgsam hüten und pflegen müssen.

Dr. Werner Schnappauf
Bayerischer Staatsminister für
Landesentwicklung und Umweltfragen

Schönfeldspitze
lochkönig
Steinernes Meer
Funtenseetauern
Funtensee
Obersee
Hagengebirge
Saletalm
Königssee
Gotzenalm
Info
St. Bartholomä
Kühroint
Kessel
Schneibstein
Jenner
Hoher Göll
P
Jennerbahn
P
Info
Schöna
Kehlstein
Obersalzbergbahn
Berch
Rossfeld
Marktschellenberg ▼
Info
Nationalpark-Informationsstellen
Staatsgrenze
Nationalparkgrenze
Wanderwege und Bergsteige
Mit freundlicher Genehmigung des Nationalparks Berchtesgaden

Leoganger Steinberge
Loferer Steinberge
undstod
Hochkalter
Klausbachtal
Info
tzmann
Wimbachta
Info
Reiteralm
P
P
Hintersee
P
Ramsau
P
Info
n
P
Lattengebirge
Hirscheckbahn
ssee
Bischofswiesen
Bad Reichenhall

EIN ÜBERBLICK VORWEG

Wer Berchtesgaden zum Ziel hat, erblickt das Land erst, wenn er den allseits von Bergen umschlossenen Talkessel bereits erreicht hat. Ein Wahrzeichen fällt aber schon von weit draußen im Norden ins Auge – der Watzmann. Als eindrucksvolle Bergspitze überragt er den Horizont der Alpenkette, blickt man bei Föhnwetter von den Gipfeln des etwa 160 km Luftlinie nördlich gelegenen Bayerischen Waldes nach Süden. Der Watzmann erscheint von der Ferne als alleinige Spitze, eher vergleichbar dem Matterhorn. Zu erkennen ist von dort nur der Große Watzmann mit seinem höchsten Punkt, der 2.713 Meter hohen Mittelspitze. Erst die Einfahrt in den Talkessel gibt den Blick frei auf die gewohnte Silhouette mit Großem und Kleinem Watzmann und den niedrigeren Felszacken zwischen beiden. Nach der Sage ist das Watzmannmassiv eine versteinerte Herrscherfamilie mit König und Königin nebst 7 Kindern. Sie waren mit ihren Untertanen überaus grausam umgegangen und wurden zur Strafe in ein Felsengebirge verwandelt.

Einfahrten in den Berchtesgadener Talkessel gibt es drei. Über alle drei führen Straßen, über den Pass Hallthurm aus Bad Reichenhall kommend auch eine Eisenbahnlinie. Von früh bis abends fährt etwa stündlich ein Zug ein und aus. Berchtesgaden ist mit öffentlichen Verkehrsmitteln gut erreichbar. Eine zweite Zufahrt aus dem Saalachtal südlich von Bad Reichenhall geht über den 950 Meter hohen Pass am Wachterl. Nahezu eben verläuft die Straße aus dem 30 km entfernten Salzburg. Die Verbindung zwischen Salzburg und Berchtesgaden überschreitet am „Hangenden Stein" die deutsch-österreichische Landesgrenze. Die deutsche und die österreichische Grenzstation sind seit Jahren stillgelegt. Zwischen beiden ist – bei der Einfahrt auf der rechten Seite - in eine Steintafel eingeschrieben: „Pax Intrantibus et Inhabitantibus", ins Deutsche übersetzt heißt dies: „Friede denen, die einreisen und die hier wohnen".

Die Einreisenden betraten an dieser Stelle über 700 Jahre lang – von 1102 bis 1803 – den Herrschaftsbereich des Augustiner Chorherrenstifts Berchtesgaden. Nach Erwerb aller im Mittelalter hierfür wichtigen Rechte kann man etwa ab 1300 von einem selbständigen Klosterstaat sprechen. Der Friede war eine unsichere Sache, denn die beiden Nachbarn Salzburg und Bayern hätten den Reichtum Berchtesgadens, die Salzlagerstätten gerne für sich genutzt. Die Rivalität beider benachbarter Großmächte untereinander um das Salz in Berchtesgaden garantierte jedoch die weitgehende

Oben wird zu Unten. Die Reiteralm spiegelt sich im Hintersee. Auch der Geologe wüsste darüber zu erzählen, wie in den Alpen auf ihrem Weg nach Norden manches über- und untereinander zu liegen kam.

Selbständigkeit Berchtesgadens im Verlauf dieser 7 Jahrhunderte. Wie Berchtesgaden zu dem Recht auf Salzabbau gekommen war, ist im Übrigen nicht ganz ohne List und Ungereimtheiten geblieben. Die guten Beziehungen zum deutschen Kaiserhaus verhalfen schließlich doch zur Aufnahme des umstrittenen Bergrechts zugunsten Berchtesgadens in die hierfür 1156 von Kaiser Friedrich Barbarossa ausgefertigte und 1194 von Kaiser Heinrich IV. nochmals bestätigte Urkunde.

Heute gibt es im Talkessel 5 Gemeinden. Im Zentrum liegt die Marktgemeinde Berchtesgaden. Im Uhrzeigersinn beginnend im Nordosten reihen sich um sie herum die Gemeinden Marktschellenberg, Schönau am Königssee, Bischofswiesen und Ramsau. Die einstige Gemeinsamkeit des Klosterstaates ist sowohl nach innen wie nach außen noch nicht völlig aufgegeben. Im Landkreis Berchtesgadener Land gelten die 5 Gemeinden südlich des Pass Hallturm als „Südlicher Landkreis". Böse Zungen sprechen sogar von den „Südstaatlern". Nicht nur bös gemeint ist die Aussage, die Menschheit teile man ein in Männlein und Weiblein und zusätzlich gäbe es auch noch die Berchtesgadener. Da schwingt bei der globalen Gleichmacherei schon etwas Sympathie mit für die in Berchtesgaden gepflegte Eigenständigkeit. Dem Außenstehenden sind die Gemeindegrenzen ohnehin nicht bekannt. Für ihn ist Berchtesgaden der ganze Talkessel mit allen 5 Gemeinden und ihren etwa 24.000 Einwohnern. Der durch Weltmeisterschaften und Olympiasiege weltbekannte Rodler Georg Hackl ist für alle Welt ein Berchtesgadener. Kaum jemandem außer den Insidern ist bekannt, dass er Bürger der Gemeinde Bischofswiesen ist und auf der Bobbahn in der Gemeinde Schönau am Königssee trainiert.

Olympiasieger und Weltmeister sowie viele hervorragend platzierte Wintersportler aus Berchtesgaden haben den Namen ihrer Heimat über Jahrzehnte hinweg in alle Welt getragen. Bekannt wurde Berchtesgaden jedoch bereits vor gut 200 Jahren. Zu verdanken ist das dem gastfreundlichen letzten Stiftspropst Joseph Konrad Freiherr von Schrof-

fenberg. Seine Gastlichkeit wird jedenfalls von den ersten Reiseschriftstellern immer wieder erwähnt, die ab Ende des 18. Jahrhunderts Berchtesgaden als Forscher und Bergsteiger besuchten und eine umfangreiche, selbst heute noch mit Genuss lesbare Literatur hinterließen. Unter ihnen war Alexander von Humboldt. Seine geplante Südamerikareise hatte sich verzögert und so verbrachte er den Winter 1797/98 in Salzburg und Berchtesgaden. Am 28. November 1797 fuhr er über den Königssee und wanderte von St. Bartholomä zur Eiskapelle am Fuß der Watzmannostwand.

Nach Übernahme Berchtesgadens im Jahre 1810 durch das Königreich Bayern errichteten die Wittelsbacher als neue Könige von Bayern in Berchtesgaden ihre Sommerresidenz und eines ihrer Hofjagdgebiete. Künstler, Schriftsteller und hochrangige Jagdgäste folgten. So verwundert es nicht, dass nach Bau der Eisenbahn im Jahre 1888 bis Berchtesgaden auch die Allgemeinheit das berühmt gewordene Land kennen lernen wollte. Berchtesgaden war dem Tourismus geöffnet.

Die Begeisterung für die Alpen erstreckte sich bald auch auf die Alpenpflanzen. Riesige Blumensträuße nahmen die Besucher mit nach Hause. Um 1900 beginnt man deshalb um den Fortbestand der reizvollen Alpenflora zu fürchten. Berchtesgaden wird in die Überlegungen zur Errichtung von Schutzgebieten einbezogen und erhält 1910 einen „Pflanzenschonbezirk" und damit eines der ersten Schutzgebiete der Alpen. Heute ist daraus der Nationalpark geworden. Mit seinen internationalen Kontakten und seiner Mitarbeit in Netzwerken internationaler Forschungsprogramme hat er Berchtesgaden zu einem Treffpunkt von Naturschutzfachleuten und Wissenschaftlern gemacht.

Eine schwierige Erbschaft übernahm Berchtesgaden aus dem Dritten Reich von 1933 bis 1945. Diese dunkle Epoche der Berchtesgadener Geschichte wird in einem 1999 eröffneten Dokumentationszentrum am Obersalzberg ehrlich und offen vorgestellt. Es erfährt viel positive Kritik und entzieht manchen Vorwürfen aus der Vergangenheit den Boden.

SALZBURG

Die Städte vor den Bergen

Das Umland von Berchtesgaden jenseits der Berge ist uraltes Siedlungs- und Kulturland. Die Funde der noch nicht sesshaften Jäger und Sammler sind spärlich. Primitive Waffen und Werkzeuge weisen darauf hin, dass in den wärmebegünstigten Tälern der Flüsse Salzach und Saalach bereits während der Eiszeiten und insbesondere nach Rückgang des letzten Eises vor etwa 15.000 Jahren Menschen hier lebten. In der jüngeren Steinzeit, so etwa ab 4000 v. Chr., siedelten sie sich dann als Ackerbauer und Viehzüchter an. 2.000 Jahre später setzte der Bergbau ein. Man lernte aus dem abgebauten Kupfer durch Legierung mit Zinn verbesserte Werkzeuge aus Bronze herzustellen. Mit Beginn des Salzbergbaues ab etwa 1000 v. Chr. lässt sich über den beschriebenen Raum das Wort des römischen Schriftstellers Cassiodor stellen: „Der Mensch kann ohne Gold, aber nicht ohne Salz leben".

Die Salzach (Bild unten), die Türme des Doms und benachbarter Kirchen beherrschen das Stadtbild Salzburgs (Bild links).

Der Raum des heutigen Salzburg wurde sehr früh zu einem bevorzugten Siedlungsgebiet zunächst der Kelten. Sie gerieten kurz vor Christi Geburt unter die Herrschaft der Römer, die Salzburg zum zentralen Ort ihrer Provinz Noricum machten. Mit dem Eindringen der Germanen mussten die Römer sich ab etwa 500 n. Chr. zurückziehen. Die folgenden 2 Jahrhunderte sind reich an Wirrungen der Völkerwanderung und arm an Zeugnissen. Die Geschichte Salzburgs wird wieder klarer, als Bischof Rupert in Abstimmung, wenn nicht sogar im Auftrag des in Regensburg residierenden Bayernherzogs Theodo um 700 n. Chr. den Grundstein für die künftig mächtige Bischofsstadt Salzburg legte.
Politik und Machtinteressen der Herrschenden bewirkten manche kritische Situationen zwischen Salzburg und Berchtesgaden. Heute ist das nicht völlig überwunden, aber man versucht, sich unter der Neuorganisation Europas und insbesondere im Interesse des Aufbaus der europäischen Regionen neu zu arrangieren. So haben sich Stadt und Land Salzburg sowie die bayerischen Landkreise Berchtesgadener Land und Traunstein zu einer EuRegio zusammengeschlossen.
Offiziell ist nicht festgelegt, wer das Zentrum hat. Die bayerischen Landkreise und Salzburg wechseln sich in der Präsidentschaft ab. Zumindest als „geheime Hauptstadt" dürfte Salzburg aber gelten. Salzburg ist nicht nur durch Universität, Festspielhaus und Festspiele sowie Landestheater und andere Bühnen das kulturelle Zentrum. Salzburg ist Geburtsstadt Mozarts mit dessen vielbesuchten Geburtshaus in der Getreidegasse. Über der Stadt thront die Festung, die uneinnehmbare Fliehburg des Fürstbischofs. Im Stadtzentrum steht der Dom und liegt die altehrwürdige Benediktinerabtei St. Peter. Fiakerfahrten führen entlang der eindrucksvollen Bauten der Altstadt nach Wunsch bis zum Schloss Mirabell und seinem barocken Garten im östlichen Stadtteil jenseits der Salzach. Schließlich das Haus der Natur und andere zahlreiche Sehenswürdigkeiten machen Salzburg zu einem touristischen Zentrum für Gäste aus aller Herren Länder. Am Stadtrand treffen sich die Autobahnen von München, Wien und Klagenfurt. In Salzburg machen die großen Zugverbindungen halt. Der Salzburger Flughafen ermöglicht eine Anreise über den Luftweg. Salzburg ist so das weltoffene Eingangstor zur EuRegio im Südosten Deutschlands und im Österreichischen Bundesland gleichen Namens. Eine Empfehlung sollte ernst genommen werden: Anreise mit öffentlichen Verkehrsmitteln!

Über die Kirchtürme geht der Blick vom Schloss Mirabell mit seinem Barockgarten zur Festung.

Maibaum am Florianiplatz in Bad Reichenhall. Im Hochgebirge zieht das Frühjahr etwas später ein. Wird der Maibaum hochgestemmt, ist jedenfalls in den Gebirgstälern diese Jahreszeit nicht mehr zu verdrängen. Die jungen Burschen sind stolz darauf, das Werk aus eigener Kraft zu bewältigen.

BAD REICHENHALL

„Alpenstadt des Jahres 2001" darf sich Bad Reichenhall seit neustem nennen. Die Vorgeschichte der Stadt hat viele Parallelen zur Nachbarstadt Salzburg. Kelten und Römer waren hier. Die Südländer fanden bereits damals das salzhaltige Heilwasser vor und lernten es zu schätzen. Dann wurde und blieb Reichenhall bayerisch, gelegentlich mit Salzburg rivalisierend. Bis in die jüngste Vergangenheit stritt man sich über große und kleine Dinge wie beispielsweise auch darum, wer für die köstlichen Pralinen die Bezeichnung „Mozartkugeln" vergeben darf.

Die Auszeichnung „Alpenstadt" wird seit 1997 von einem Gremium aus Repräsentanten des Alpenraumes jährlich verliehen. Bad Reichenhall erwarb sie als erste deutsche Alpenstadt. Thematisch hatte Bad Reichenhall das Wasser in den Mittelpunkt seiner Initiativen zum Jahr 2001 gestellt. Dazu gab es vor allem zwei Gründe. Die Stadt liegt zu beiden Ufern der Saalach und sie ist, wie der Name sagt „reich an Salz". Das Salzvorkommen bezieht Reichenhall aus den gleichen geologischen Schichten des Haselgebirges wie Berchtesgaden und das südlich von Salzburg gelegene Hallein. Die Salzquellen von Reichenhall sind allerdings echte, flüssige Solequellen und müssen nicht wie in Berchtesgaden und Hallein bergmännisch unter Tag abgebaut werden. Dieser Reichtum an Salz war nun wieder mit einigen Konflikten verbunden. Der schon erwähnte Bayernherzog Theodo hatte Bischof Rupert zu seinem Einzug in Salzburg einen Teil der Reichenhaller Solequellen und Sudpfannen zum Geschenk gegeben. Salzburg hatte damit einen starken Fuß in Reichenhall und versuchte diese Position offensichtlich zunächst mit Erfolg weiter auszubauen. Den bayerischen Herzögen wurde das endlich zuviel. Nach langen Streitereien, die mit Bau von Stadtmauer und Brandschatzungen verbunden waren, fiel die alleinige Herrschaft über Reichenhall und seine Salzrechte an der Wende vom 15. zum 16. Jahrhundert endgültig an Bayern. Die nun bayerisch staatlichen Solequellen – 22 an der Zahl – wurden in einem sogenannten „Quellenbau" aus Marmorsteinen neu gefasst. Eine 1613 neu gefundene Quelle schüttete so reich, dass das zum Versieden notwendige Holz nicht mehr aus den Wäldern im Einzugsbereich Reichenhalls ausreichte. Man hatte zunächst versucht, durch Verrieseln

Brunnen im Kurpark Bad Reichenhall.

der Natursole über aufgeschichteten Astbündeln in einem Gradierwerk Wasser zu verdunsten und so die Salzkonzentration in einem ersten Produktionsvorgang zu erhöhen. Tatsächlich ließ sich dadurch Brennholz einsparen. Es reichte aber nicht. Eine Soleleitung nach Traunstein musste gebaut werden. Sie wurde 1618 fertiggestellt. Dort stand weiteres Brennholz aus anderen Wäldern zur Verfügung.
Sole als Heilwasser aus Reichenhaller Quellen war bereits den Römern und möglicherweise auch den Vorbewohnern bekannt. 1713 wird eine Kirchbergquelle – benannt nach dem Ortsteil Kirchberg – erwähnt, der Heilwirkungen zugesprochen werden. 1834 fällt das Salinengebäude einem Stadtbrand zum Opfer. König Ludwig I. von Bayern lässt es wieder aufbauen. Der Wiederaufbau wurde 1851 fertiggestellt und führt heute den Namen „Alte Saline". An anderer Stelle der Stadt entstand 1926 die „Neue Saline".
Im Jahr 1846 wird die „Sole- und Molkenkuranstalt" Axelmannstein eröffnet. Dieses Ereignis darf man als Beginn des Kurortes sehen. Seinen steilen Aufstieg in den Anfangsjahren verdankte er dem 5-wöchigen, erfolgreichen Kuraufenthalt des bayerischen Königs Maximilian II. mitsamt seiner Familie im Jahr 1848. Das Prädikat „Bad" erhielt Reichenhall 1890. Seit dem Jahr 1899 darf die Bezeichnung „Bayerisches Staatsbad" geführt werden. In kurzer Folge entstanden das Staatliche Kurhaus, der Kurgarten, das große Gradierwerk und die Wandelhalle. Schwerpunkte der Kurangebote richten sich gegen Erkrankungen der Atemwege. 1928 wurde die Bergbahn auf den Predigtstuhl mit Berghotel fertiggestellt. Seit 1819 ist Reichenhall mit Unterbrechungen Garnisonstadt, die heute Gebirgsjäger mit der letzten Tragtierkompanie Deutschlands beherbergt.
Die bayerische Gebietsreform der Landkreise bescherte Bad Reichenhall den Sitz des Landratsamtes, das 1981 von Berchtesgaden dorthin verlegt wurde, sowie die Funktion einer „Großen Kreisstadt".
Bad Reichenhall ist gut zu Fuß zu erleben, notfalls kann man die umweltfreundlichen City-Busse in Anspruch nehmen. In Nord-Süd Richtung wandernd beginnt man an der romanischen Basilika St. Zeno, strebt dann der ebenfalls in Nord-Süd-Richtung verlaufenden, langgestreckten Fußgängerzone zu, stößt dort auf das Axelmannstein und schlendert an einer reichen Auswahl von Kuranstalten, Geschäften und Restaurants vorbei zum Rathausplatz. In dessen Nähe liegt die Alte Saline. Weiter nach Süden erreicht man in der „Oberen Stadt" die sanierte Altstadt, in ihrer Nähe steht die romanische St. Nikolauskirche. Wieder zurück am Rathausplatz, fragt man sich zu der nicht weit entfernten, etwas versteckten St. Ägidikirche und dem Heimatmuseum durch. Auf dem Weg dorthin trifft man auf den reizvollen, neu gefassten Stadtbach. Seine Fließrichtung nach Norden deutet in die Richtung Kurgarten mit Altem Kurhaus und dem mächtigen Gradierwerk. Unweit davon steht seit 1988 das neue Kurgastzentrum. Nicht versäumen sollte man, den von hier etwa 20 Minuten Fußweg entfernten Auwäldern an der Saalach jenseits der Umgehungsstraße einen Besuch abzustatten. Eine Citybus-Linie fährt in die Nähe der Fußgängerbrücke, die über die Saalach führt. Auf dem gepflegten Wegenetz unter den Laubbäumen des Auwaldes kann man die Seele baumeln lassen.

Der Blumenschmuck am Rathausplatz von Bad Reichenhall zeigt ebenso wie die natürliche Vegetation in der Umgebung, dass die Große Kreisstadt des Berchtesgadener Landes in einem wärmebegünstigten Tal liegt.

DIE GEMEINDEN UND IHRE BEWOHNER

Der Pass Hallthurm zwischen Untersberg (rechts) und Lattengebirge (Bildmitte) verbindet den von Österreich umgebenen Berchtesgadener Talkessel mit dem restlichen Deutschland. Vorbei am alten Grenzturm auf der Passhöhe führt durch das Tal von Bischofswiesen eine wichtige Zugangsstraße und seit 1888 die erste und heute wieder einzige Bahnlinie. Bischofswiesen, früher eher abseits gelegen, hat dadurch erheblich an Bedeutung gewonnen.

Es könnte schon etwas übertrieben sein, was ein Chronist zur Zeit der Gründung des Augustiner Chorherrenstifts am Anfang des 12. Jahrhunderts über Berchtesgaden berichtete: Eine furchterregende Wildnis, bedeckt von ewigem Eis und Schnee und mit undurchdringlichen Wäldern, in denen wilde Tiere hausen. Sogar eine Drachenbrut will er entdeckt haben. Man darf sicher davon ausgehen, dass der Berchtesgadener Talraum mit seinen umliegenden Bergen damals im Vergleich zu seinem Umland mit den bereits bestehenden Siedlungszentren Salzburg und Reichenhall noch weitgehend Wildnis war. Jungsteinzeitliche und bronzezeitliche Funde sprechen jedoch dafür, dass Jäger, Fischer und Hirten zumindest zeitweise die Gegend aufsuchten. Mit großer Wahrscheinlichkeit er-

folgte 1102 die Klostergründung bereits in Nachbarschaft einfacher Gebäude. Sieben Jahrhunderte später nach langer und mühevoller Kulturarbeit soll Alexander von Humboldt Berchtesgaden zu den drei schönsten Landschaften der Erde gezählt haben.

Das Kloster benötigte neue Siedler, um das Land urbar zu machen und seinen Unterhalt und Betrieb zu sichern. Vor allem waren Leute erforderlich, die den bald einsetzenden Abbau und die Verarbeitung von Salz zu bewerkstelligen hatten. Ab jetzt bestanden also neue Voraussetzungen dafür, im Umfeld des Klosters Dauersiedlungen anzulegen. Woher die Siedler freiwillig oder vom Kloster angeworben kamen, ist nicht genau bekannt. Anzunehmen ist, dass zunächst die benachbarten Volksstämme aus dem bayerischen und Salzburger Raum bis hinein in den Pinzgau die Mehrheit der Zuwanderer stellten. Ob sie die Rivalitäten ihrer bisherigen Landesherren und der nun neuen klösterlichen Obrigkeit uneingeschränkt mittrugen, mag bezweifelt werden. Die Beziehungen des einfachen Volkes über die Grenzen hinweg liefen wohl ihre eigenen Wege, ob dies nun das Heiraten, das Wallfahrten, den Austausch unter den Musikanten, die kleinen Geschäfte mit Vieh und anderen Gütern oder das Schmuggeln und Wildern betraf. Der Zuzug an Neubürgern hielt bis in die jüngste Vergangenheit an, als Berchtesgaden viele Vertriebene des letzten Krieges aufnahm. Erstaunlich ist, welche Integrationskraft Berchtesgaden über Jahrhunderte hinweg behielt und zu welcher

Die Protestanten hatten es nicht leicht, in Berchtesgaden Fuß zu fassen. Anfang des 18. Jahrhunderts wurden sie mit vielen Glaubensbrüdern aus Salzburg des Landes verwiesen. Die von dem Architekten Professor August von Tiersch 1897/98 erbaute evangelische Christuskirche zeugt davon, dass sie nun seit über hundert Jahren in Berchtesgaden zu Hause sind.

Links:
Tabernakel im Hauptaltar der Stiftskirche in Berchtesgaden.

Berchtesgaden mit Marktplatz und Marktbrunnen. Das turmbewehrte, bemalte Haus beherbergte früher das Gasthaus „Zum Hirschen". Sein heutiger Name „Hirschenhaus" geht darauf zurück. Die Rückseite des Hauses trägt die ältesten weltlichen Renaissancefresken Süddeutschlands. Die so genannte „Affenfassade" schuf um 1610 der Berchtesgadener Maler und Kartograph Johann Faistenauer.

Identifikation mit der neuen Heimat die Hinzugekommenen bereit waren. Berchtesgaden hat zwar auch seine globalen Ableger von der Disko bis zur Mode mitbekommen, es hat sich aber doch noch einiges an überkommenem Brauchtum, Sprache und Aussprache, Kleidung und Musik bewahrt – an Musik sogar nach außen ausgestrahlt. Wer sich in der Volksmusik auskennt, weiß, wie verbreitet heute die Gitarre oder die diatonische Harmonika gespielt wird, so wie es bei den Schönauer Musikanten oder der Gerstreit-Musi vor Jahrzehnten begonnen hat.

Die fünf Berchtesgadener Gemeinden vorzustellen, ist mit dem Problem verbunden, dass nicht alle Dinge eindeutig zugeordnet werden können. Der Lebensraum der Gemeinden hat aus der Zeit der 700 Jahre Klostergeschichte, als er eine Einheit war, noch viel an Gemeinsamkeiten übernommen. Die Zuordnung ist deshalb da und dort willkürlich.

Marktgemeinde Berchtesgaden

Das Zentrum der Marktgemeinde Berchtesgaden ist die Keimzelle dessen, was die Berchtesgadener selbst „Unser Landl" nennen und was weltweit unter Berchtesgaden verstanden wird – auch wenn es formal in fünf kommunale Einheiten aufgeteilt ist. Für diesen zentralen Platz hatten sich die Stifterin Gräfin Irmgard und ihr Sohn Graf Berengar, der das Gelöbnis der Mutter umsetzte, entschieden. Der ausersehene Platz auf der wärmebegünstigten Niederterrasse über dem Zusammenfluss von Königsseer, Ramsauer und Bischofswieser Ache

und ihrer Vereinigung zur Berchtesgadener Ache wäre auch heute noch der optimale Standort für eine Neuansiedlung.
In diesem Zentrum wurde mit Urkunde vom 7.April 1102 durch Papst Paschalis II. das Augustiner Chorherrenstift gegründet. In diesem geistlichen und weltlichen Zentrum liefen 700 Jahre lang alle Fäden zusammen. Hier entstanden noch im Jahrhundert der Klostergründung der bis in die Gegenwart erhaltene romanische Kreuzgang, die inzwischen mehrmals umgebaute Stiftskirche und die heutige Pfarrkirche. Der Platz zwischen den beiden Kirchen wird ab dem Jubiläumsjahr 2002 nach dem Gründer Graf Berengarplatz heißen und mit einem Gedenkstein ausgestattet sein.
Nach der Übernahme des ehemaligen Klosterstaates durch das Königreich Bayern errichteten die Wittelsbacher im Klostergebäude ihre Sommerresidenz und verliehen der Bauanlage die Bezeichnung Schloss. In seinen Mauern ist das sehenswerte Schlossmuseum untergebracht. Die Marktgemeinde wurde Sitz des Bezirksamtes, heute Landratsamt, bis dieses 1981 nach Bad Reichenhall umzog. Lediglich die dem Landratsamt zugeordnete Nationalparkverwaltung blieb hier. Berchtesgaden wurde Sitz des Rentamtes, heute Finanzamt genannt, und ist es immer noch. Das Landgericht, später Amtsgericht, bezog die frei gewordenen Räume des Franziskanerklosters, bis es 1975 nach Laufen wechselte. In den erneut frei gewordenen Räumen hat das Informationszentrum des Nationalparks unter dem „Franziskanischen Dach" eine passende Bleibe gefunden. Von dem nach dem Kloster benannten Franziskanerplatz sieht man zur evangelischen Christus-Kirche, die etwas erhöht am Unterhang des Kälbersteins steht.
Im Ortskern liegt das Kur- und Kongresszentrum, das sich zu einem nationalen und internationalen Veranstaltungszentrum entwickelt hat. Eine der meist nachgefragten Veranstaltungen ist das zu Beginn jeden Jahres stattfindende Trekking-Treffen des Summitclubs, des Reiseveranstalters des Deutschen Alpenvereins. Im Tal der Achen unterhalb des Ortskerns liegen der Bahnhof, ihm gegenüber jenseits der Brücke die Kurdirektion, flussabwärts die Berufsfachschule für Holzschnitzerei und Schreinerei und die Watzmanntherme.
Zur Marktgemeinde Berchtesgaden gehören die Ortsteile Maria Gern, Salzberg, Obersalzberg sowie Unter- und Oberau. In diesen Außenbereichen liegen so schöne und wichtige Einrichtungen wie die barocke Wallfahrtskirche Maria Gern, ein hochmodernes Klärwerk für alle Berchtesgadener Gemeinden, das Skigebiet am Rossfeld, der 1517 als zweites Bergwerk eröffnete Petersberg-Stollen, das Kehlsteinhaus und das eindrucksvolle Dokumentationszentrum Obersalzberg zur Orts- und Zeitgeschichte des Nationalsozialismus. Die frühere Berchtesgadener Hitler-Literatur war mit dem Problem konfrontiert, dass die Propaganda den veröffentlichten Auftritten Hitlers in Berchtesgaden die Rolle des Natur-, Hunde- und Kinderfreundes zugewiesen hatte. Als Folge davon zeigen die Bilddokumente Hitler stets in den entsprechenden freundlichen Posen. Lediglich auf Berchtesgadener Ereignisse beschränkte Veröffentlichungen fanden deshalb wegen der zwangsläufig mehr positiven Darstellung der Vorgänge am Obersalzberg häufig Kritik. Sie wurde gelegentlich auf die Berchtesgadener insgesamt übertragen. Die neue Dokumentationsstelle bietet dagegen eine Gesamtschau der Zeit und ihrer Akteure mit der Aussage: Der Hunde- und Kinderfreund vom Obersalzberg war gleichzeitig der Kriegstreiber und Mörder von Auschwitz. Fremde Journalisten fragen gerne nach dem „Mythos Obersalzberg". Der Einheimische sieht dies nüchtern. Für ihn ist der Obersalzberg erstens kein Berg, sondern ein Hügel. Wenn zweitens hier ein Berg einen Mythos hat, dann der Watzmann. Der Obersalzberg hat bestenfalls 12 Jahre eine Drachenbrut beherbergt.

Der Brunnen „Mutter mit Kind" am Weihnachtsschützenplatz in Berchtesgaden.

Kirche und Salz waren über sieben Jahrhunderte die tragenden und bestimmenden Kräfte in Berchtesgaden. Sowohl im Ortsbild wie in der Außen- und Innenarchitektur vieler ortsprägender Gebäude ist das heute noch zu sehen. Ein architektonischer Höhepunkt wurde mit dem romanischen Kreuzgang (unten links) an der Stiftskirche gesetzt. Zur gleichen Stilepoche gehört der romanische Weihwasserkessel. Von der in Berchtesgaden vielerorts vertretenen Barockzeit, allerdings in einer sehr individuellen Raumarchitektur, wird das heutige Bild der Pfarrkirche St. Andreas geprägt.

Der Salzbergbau mit Bergwerk und Saline und die Holzarbeit am Berg, die das Brennholz zuliefern musste, waren die wichtigsten Arbeitgeber in Berchtesgaden. Von den beiden Bergbaubetrieben in Marktschellenberg und Berchtesgaden ist lediglich das Letztgenannte am Ufer der Berchtesgadener Ache übrig geblieben. Die Einfahrt in die Stollen gehört zu den attraktivsten Besucherangeboten. Einige stehen als Heilstollen zur Verfügung. Als museales Kleinod ist im Bergwerk die von Reichenbach 1817 konstruierte Hebemaschine, die „größte Kunstmaschine der Welt" der damaligen Zeit ausgestellt. Sie diente bis 1927 dazu, im Verlauf der Soleleitung die Sole von Ilsank über 356 m zum Söldenköpfl hochzupumpen. Das Einkommen aus der Arbeit im Bergwerk und im Wald reichte nicht immer aus. In Heimarbeit wurden in vielen Häusern Berchtesgadens Musikinstrumente wie Flöten und Schnitzereien hergestellt und als „Berchtesgadener War" weltweit bekannt. Die Berchtesgadener Handwerkskunst bietet sie heute noch als beliebte Souvenir- und Geschenkartikel an.

Die zum Berchtesgadener Hochthron emporstrebenden Südwände des Untersberg gehören zu den anspruchvolleren Klettereien.

Gemsalmkopf

Marktschellenberg

Marktschellenberg wird 1112 als Schellenperch erstmals urkundlich erwähnt. Die frühe Ortgründung verdankt Schellenberg den Salzquellen, die im Berchtesgadener Einflussbereich am Dürrnberg und am Goldenbach gefunden wurden. Die Saline war bis 1805 in Betrieb und wurde dann, 5 Jahre vor Übernahme Berchtesgadens durch Bayern stillgelegt und später abgebaut. Der Ort erhielt etwa gleichzeitig mit der Marktgemeinde Berchtesgaden im 13. Jahrhundert das Marktrecht. Das hatte seinen Grund wohl darin, dass es an dem Verbindungsweg nach Salzburg lag, wohin trotz aller Rivalitäten wichtige Handelsbeziehungen bestanden. In dieser Markttradition wird heute noch am Wochenende nach dem Fest des Marktpatrons St. Ulrich (4. Juli) die Schellenberger Dult abgehalten. Aus Salzburg kommend steht kurz vor dem Ortseingang der mächtige Wehrturm. Bei der Weiterfahrt trifft man an der neuen Brücke über die Berchtesgadener Ache links auf die Kirche, rechts auf einen Parkplatz, an dem man für einen ersten Besuch eine Pause einlegen sollte. Von hier aus

geht man über die alte Achen-Brücke in den Ortskern mit seinen eindrucksvollen Hausfassaden. Gleich jenseits der Brücke sind in dem rechten Gebäude mit den Arkaden das Rathaus und das Verkehrsamt untergebracht. Ein kleines Stück Fußweg weiter biegt die Hauptstraße nach links Richtung Ettenberg mit seiner Wallfahrtskirche ab. Diesen hochgelegenen Ortsteil vor der Kulisse des Untersberg sollte man in sein Besuchsprogramm einplanen.

Am bereits erwähnten Wehrturm, dem gegenüber ein Parkplatz mit Bushaltestelle liegt, beginnt der Aufstieg zur Toni Lenz-Hütte und zu der nahe gelegenen Untersberger Eishöhle. Beide empfehlenswerten Ziele lassen sich in einen Rundweg einbauen, der mit einer Seilfahrt vom österreichischen St. Leonhard hinauf zum Salzburger Hochthron beginnt, von dort auf dem Hochplateau des Untersberg zur Mittagsscharte und ab hier seilgesichert auf teilweise in den Felsen eingesprengtem Steig an der Eishöhle vorbei zur Toni-Lenz-Hütte führt.

Von Martschellenberg auf der Straße nach Berchtesgaden zweigt rechts die Zufahrt zur Kugelmühle ab. In einer althergebrachten Mahlvorrichtung werden aus grob vorgefertigten Natursteinen Kugeln geformt. Es ist die letzte Kugelmühle dieser Art in Deutschland. Gleich dahinter ist der Eingang zur wilden, jedoch gut erschlossenen Almbachklamm.

Der Almbach verengt sich in seinem unteren Lauf zu einer wildromantischen Schlucht. Sie ist durch einen sicheren Weg gut erschlossen. Am Ende der Schlucht treibt der Bach die Räder der letzten Kugelmühle Deutschlands.

Durch Marktschellenberg schlängelt sich die Straße von Berchtesgaden nach Salzburg. Zur Zeit der weihnachtlichen Christmette und zum Jahreswechsel kann man die Freude über die festlichen Geschehnisse sehen und hören.

An den Ostabhängen des Untersberg liegt unweit der Toni-Lenz-Hütte der Eingang zu den Schellenberger Eishöhlen. Irgendwo da drinnen im Untersberg soll Kaiser Friedrich Barbarossa hausen, der den Berchtesgadenern zu den umstrittenen Bergrechten verhalf.

Am Nordufer des Königssees mit Anlegestelle der Fahrgastschiffe und am Fuß des Grünsteins mit beschattetem Nordhang beginnt die Ebene, auf der die Gemeinde Schönau am Königssee liegt. Diesen Blick aus seinem ehemaligen Revier wird der bärtige Berufsjäger Otto Obraczka oft vor Augen gehabt haben. Sein Weg ins Revier führte ihn aber auch häufig sowohl über den offenen wie über den vereisten Königssee. Bei seiner langjährigen Erfahrung wusste er das jeweils günstigste Gefährt - vom Schiff bis zum Hornschlitten, in Berchtesgaden „Hohschlien" genannt - auszuwählen.

Zum Berchtesgadener „Zwiehof", bestehend aus Wohnhaus und Stall, gehörte als drittes Gebäude der Getreidekasten. Seine ursprüngliche Funktion als Speicher für Erntegut hat sich mancherorts zum Ferienhaus gewandelt.

Königssee und Schönau

Im Berchtesgadener Talkessel gibt es nicht viele ebene Flächen. Schönau liegt auf der größten. Seit der Zusammenlegung mit der ehemaligen Nachbargemeinde Königssee im Jahr der Gemeindegebietsreform 1972 gehört auch das hängige Siedlungsgebiet am Faselsberg mit herrlichem Blick über das Tal dazu. Schönau hat in die neue Großgemeinde die 1933 fertiggestellte Pfarrkirche Unterstein eingebracht. Die Jenner-Seilbahn mit dem dazugehörigen Skigebiet und ihre Bergstation als hochgelegener Ausgangspunkt vieler Bergwanderungen sowie der Königssee mit seiner weltbekannten Flotte liegen im Gemeindegebiet. An der Gemeinde Schönau am Königssee kommt keiner vorbei, der diese Besucherschwerpunkte Berchtesgadens ansteuert.
Der Name Königssee geht weder auf bayerische noch sonstige Könige zurück. Die Herkunft des Namens ist umstritten. Unstrittig ist der früher zeitweise auch verwendete Name „Bartholomäsee". Die Bezeichnung „Chunigesse" in älteren Schriften legen die einen als Bezug zu Graf Kuno von Horburg, dem Halbbruder des Stiftsgründers Graf Berengar aus. Andere vermuten in diesem Namen

20 Fahrgastschiffe mit Platz für je etwa 90 Fahrgäste befördern die Besucher über den Königssee. Seit 1909 werden sie mit Elektroenergie angetrieben und bewahren so die Ruhe am See und die Reinheit seines Wassers. Seit 1989 sorgt eine Abwasserleitung mit Anschluss an das gemeindliche Kanalnetz dafür, dass der See sauber bleibt.

Die Schiffe am Königssee befördern zweierlei Fahrgäste. In der absoluten Überzahl mit gut 600 000 Personen pro Jahr sind die zweibeinigen Königsseebesucher. Zweimal im Jahr sind die Kühe auf die Almen Salet zwischen dem Königssee und dem Obersee und Fischunkel hinter dem Obersee hin- und zurück zu transportieren. Ist der Almsommer gut verlaufen, wird das Vieh zum Almabtrieb geschmückt. Der Almbauer der Fischunkelalm ist noch stolzer Besitzer von Pinzgauer Rindern, der ursprünglich in Berchtesgaden heimischen Rinderrasse. Er befestigt den seit dem Batholomäus-Tag (24. August) angefertigten Kopfschmuck, die „Fuikl" am Kopf seiner Kühe.

Das Wasservolumen des Königssees beträgt etwas mehr als 500 Millionen cbm. Bis die Wassertemperatur an der Oberfläche den Gefrierpunkt erreicht, wird es - wenn dieser Zustand überhaupt auf dem gesamten See erreicht wird - meist Ende Januar. Ist das Eis dick genug, gibt eine Kommission den Weg über das Eis frei.

des Königssees das alte, möglicherweise sogar vorkeltische Wort „Conis/Kounis" für schönes und reines Wasser. Der gleiche Wortstock gilt natürlich auch für den Königsbach, der über einen Wasserfall dem Königssee zufließt. Wenn diese Deutung zutrifft, dann passt sie heute noch hervorragend zum See. Eine gewässerkundliche Studie der Universität München und der Nationalparkverwaltung um 1980 hat dem Königssee Trinkwasserqualität zugesprochen. Erste Anzeichen einer Verunreinigung wurden durch eine 1989 eröffnete, am Seeboden verlegte Abwasserleitung von der Gaststätte in Salet am Südufer über St. Bartholomä mit Anschluss an das Abwassernetz der Gemeinde Schönau am Königssee abgefangen. Mit dem gleichen Engagement für die Umwelt entsorgt die Gemeinde das touristisch intensiv genutzte Jennergebiet durch eine Abwasserleitung, die das Schneibsteinhaus sowie das jenseits der Grenze liegende Stahlhaus miterfasst. Und schließlich steht im Gemeindegebiet in zentraler Lage eine hochkarätige Klimastation, deren Messergebnisse das Prädikat „Heilklimatische Kurorte" im Talraum überprüfen.

Das Rotwild zieht im Winter von den sommerlichen Einständen in den Hochlagen zu den Fütterungen auf St. Bartholomä und am gegenüberliegenden Ufer. Besucher, die auf dem Weg bleiben, beunruhigen das Wild nicht. Wer sich an diese Regel hält, kann die Hirsche gut beobachten.

Schon kurz nach der Gründung des Augustiner Chorherrenstifts in Berchtesgaden wurde auf der Halbinsel St. Bartholomä eine Kirche erbaut und im Jahr 1134 eingeweiht. Sie ist nachweislich seit dem Jahr 1600 Ziel der Wallfahrer von Maria Alm jenseits des Steinernen Meeres. Die Kirche erhielt ihre heutige barocke Gestalt um 1700. Die Weiterfahrt zum Nordende des Sees geht vorbei am Königsbach-Wasserfall und an der Falkensteiner Wand. Ein dort angebrachtes rotes Kreuz erinnert an das Schiffsunglück mit Wallfahrern im Jahr 1688.

Bischofswiesen

Die „Bischofswies“, das heutige Bischofswiesen, gehörte einst dem Erzbischof von Salzburg. Im Jahre 1155 kam zwischen dem damaligen Erzbischof Eberhard I. von Salzburg und dem Berchtesgadener Stiftspropst Heinrich I. ein Tausch zustande, demzufolge die Wiese des Bischofs an das Stift Berchtesgaden, im Gegenzug ein Gut in Niederösterreich an den Salzburger Bischof fiel. Der Tauschakt ist in einem Brunnen an der Hauptstraße, dem Gasthaus Brennerbräu gegenüber dargestellt.

Das Tal an der Bischofswieser Ache lag abseits des über Jahrhunderte wichtigen Handelsweges Marktschellenberg – Berchtesgaden – Ramsau und somit des damals politischen, kirchlichen und wirtschaftlichen Interesses. Das änderte sich erst mit der Übernahme Berchtesgadens durch Bayern.

Bischofswiesen wird mit seinem Ortsteil Engedey 1817 zum Standort eines technischen Wunderwerks. Eingebunden in die neu erstellte, 29 km lange Soleleitung von Berchtesgaden über die Ramsau nach Bad Reichenhall baut Georg Reichenbach ein Pumpwerk, das damals als „Größte Kunstmaschine der Welt" galt. König Max I. von Bayern hatte dem Münchner Ingenieur und Salinenrat den Auftrag zur Projektierung erteilt. Mit Hilfe des Pumpwerks wurde die Sole über die damalige Weltrekordhöhe von 356 m bis zum Söldenköpfl hochgepumpt und konnte von dort mit leichtem Gefälle über das Wachterl entlang des heute vielbegangenen „Soleleitungsweges" nach Reichenhall fließen. Die grandiose Pumpmaschine brachte Reichenbach den erblichen Adelstitel ein. Sie lief bis 1927 und ist seither im Salzbergwerk Berchtesgaden ausgestellt. Heute verläuft die Soleleitung durch Bischofswiesen über den Pass Hallthurm nach Bad Reichenhall.

Noch kurz vor Ende der Propstei wurde 1799 in dem weit vom Markt Berchtesgaden entfernten, hochgelegenen Ortsteil Loipl eine kleine Kirche errichtet. Im Jahr 1822 bekam der Hauptort Bischofswiesen, 1833 der Ortsteil Engedey eine Schule. Im Jahr 1888 wurde die durch Bischofswiesen führende Bahnlinie fertiggestellt. 1926 erhielt der Hauptort seine erste eigene Kirche. 1938 bezogen Gebirgsjäger die neu errichtete Kaserne im Ortsteil Strub. Nach dem Krieg zogen sie 1957 wieder dort ein. Die Ortsteile Strub und Winkel erfahren nach Kriegsende größere Einwohnerzuwächse. In der Folge davon wird in der Strub 1962 eine neue Kirche gebaut, die gleichzeitig den Gebirgsjägern als Garnisonskirche dient. Ein Jahr später wird der Kirchenneubau im Ortsteil Winkel eingeweiht.

Im Gemeindegebiet Bischofswiesen gibt es einige Beispiele dafür, dass auch im Vorfeld des Nationalparks Naturschönheiten zu finden sind. Beispielhaft sollen herausgegriffen werden die aus brüchigem Dolomitgestein herausgewitterte, titelbildverdächtige „Steinerne Agnes" im Lattengebirge oder das Hochmoor am Böcklweiher, dessen wissenschaftliche Bearbeitung einige wichtige Beiträge zur nacheiszeitlichen Vegetationsgeschichte Berchtesgadens geliefert hat.

Bischofswiesen von oben gesehen, zeigt trotz oder dank einiger konzentrierter Siedlungskerne immer noch, woher der Name kommt. Einst gehörte die Wiese dem Bischof von Salzburg. Im Jahr 1155 tauschte er sie an den Stiftspropst von Berchtesgaden. Das Gemeindegebiet beherbergt einige Naturschönheiten. Der Böcklweiher im Ortsteil Strub und die aus dem Dolomitgestein des Lattengebirges herausgewitterte „Steinerne Agnes" haben schon manches Titelbild gestellt. Wer auf die Agnes will, muss mit Überhängen zurechtkommen.

Ramsau

Ramsau war die erste Gemeinde, die sich den Beinamen „Nationalparkgemeinde" gab. Sie ist durch ihre unmittelbare Nachbarschaft zu den im Nationalpark gelegenen Gebirgsstöcken Watzmann, Hochkalter und Reiteralm sowie als Eingangstor zur Wimbachklamm mit anschließendem Wimbachtal und zum Klausbachtal südlich des Hintersees schon räumlich mit dem Schutzgebiet eng verbunden. In dem schattigen Kar am Hochkalter liegt das Blaueis, der nördlichste Gletscher der Alpen. Von diesen Bergen und aus den Tälern kommt der Gesteinsschutt, der namensgebend für den Ort ist. Die Au auf „Rams", ein altes Wort für Geröll, sind die erklärenden Begriffe. Ein anderer alter Begriff für Geröll „Gries" steckt in der Ortsbezeichnung Wimbachgries, wie der Schuttstrom im Wimbachtal genannt wird. Die Ortschaft Ramsau wird erstmals 1295 erwähnt.

Neben dem „Dörfl" unten im Tal umfasst das besiedelte Gebiet der Gemeinde die sonnseitigen Hänge hinauf zum Skigebiet Hochschwarzeck und zum Wachterl, dem Übergang zum Saalachtal sowie taleinwärts den Hintersee. Die Straße nach Hintersee und von dort weiter die Hirschbichlstraße bis zum gleichnamigen Pass mit Übergang nach Österreich war lange Zeit der einzige direkte Handelsweg von Berchtesgaden nach Süden. Er wird bereits 1286 erwähnt. An ihr wurde schon bald eine Taverne errichtet. An derselben Stelle steht heute der „Oberwirt".

Die Tradition des einstigen Malerdorfes und der Malerkolonie am Hintersee hat die Kurverwaltung Ramsau aufgegriffen und einen informativen und reizvollen Maler-Rundwanderweg eingerichtet. Die Malertradition ist noch nicht ganz vorbei. Der berühmte Blick an der Ramsauer Ache mit Fußgängersteg, Kirche und Reiteralm im Hintergrund ist gelegentlich immer noch Standort für Maler unserer Tage, von Fotografen ganz zu schweigen.

Schriftsteller, Maler, Künstler und Architekten

Zu den in diesem Buch erwähnten Gästen gesellen sich ab der Wende zum 19. Jahrhundert eine Vielzahl weiterer Besucher, die Berchtesgaden forschend vom Tal bis zu den Gipfeln durchstreiften. Ihre Reiseberichte dokumentieren nicht nur die wissenschaftlichen Geländeaufnahmen, sie schildern auch die gesellschaftliche und soziale Situation der

Einwohner und erzählen am Rande bisweilen köstliche Erlebnisse ihrer Bergfahrten und Begegnungen mit Jägern, Hirten und Sennerinnen. So hält beispielsweise Georg Anton Weitzenbeck, Magister der Philosophie und Doktor der Theologie in Altötting in seinem „Bericht einer Alpenreise auf die Reiteralm und nach Berchtesgaden" 1785 jene Begebenheit fest, die er auf einer Alm unterhalb des Watzmann erlebte: Müde kam er aus dem Watzmannkar zurück, erreichte die Almhütte und bat um Unterschlupf und Abendbrot. Die Sennerin bot ihm und seinen Gefährten beides an, forderte sie aber auf, vor der Mahlzeit – was damals hierzulande üblich war – kniend einen Rosenkranz zu beten. Weizenbeck, der aufgeklärte Theologe und seine Gefährten fügten sich. „Wir legten nun beym Licht des Feuers unsere Pflanzen in Papiere, und während die freundlichen Senninen die Nachtsuppe kochten, betheten wir einen Rosenkranz". Seine Geschichte endet mit den Worten: „Nach dem Gebethe waren wir frohen Muths, sangen Lieder, sprachen auch vom Schrank, der da auch übernachtete, und speiseten zu Nachts…"

Im Wolkenstau der Nordalpen gelegen sind die Berchtesgadener Alpen reich an Regen und Schnee. Die Reiteralm am Westrand Berchtesgadens nimmt wie alle anderen Berge viel davon auf. Oben auf dem Hochplateau ist Wasser aber ein kostbares Gut. Wie durch ein Sieb läuft es durch das kluftreiche Karstgestein und sammelt sich erst unten im Tal in Bächen, die den Hintersee speisen.

Oberhalb der schattigen Mulde am Nordhang des Hochkalter liegt das Blaueis, der nördlichste Gletscher der Alpen. In den letzten gut hundert Jahren ist er um die Hälfte kleiner geworden. Heute bedeckt er nur mehr 12 ha und ist in seiner Mitte quer geteilt. Durch diese Mulde donnerte vor etwa 3.500 Jahren der bisher größte dokumentierte Bergsturz der Berchtesgadener Alpen. Auf 1,5 Millionen cbm wird seine Masse geschätzt. Die Gesteinsbrocken liegen im Hintersee und am Wanderweg durch den „Zauberwald" Richtung Ramsau.

Mit großer Wahrscheinlichkeit ist es auf die nach 1810 in Berchtesgaden errichtete Sommerresidenz der Bayerischen Könige zurückzuführen, dass ab dem 19. Jahrhundert nun auch Autoren der großen Literatur und bekannte Künstler hier einen Besuch machten. Ihre Erlebnisse und Eindrücke sind bisweilen verborgen, zum Teil erkennbar in ihre Werke eingegangen. Unter den bekannten Autoren war Theodor Fontane, in dessen Roman „Der Stechlin" ein Baron und eine Baronin namens Berchtesgaden und mit Berchtesgadener Wesenszügen auftreten. Zu nennen sind Ludwig Ganghofer, dessen Romane mit Berchtesgadener Hintergrund zum Teil verfilmt wurden, der Nobelpreisträger Paul Heyse, Hugo von Hofmannsthal, Henrik Ibsen, Erich Kästner, Thomas Mann, Peter Rosegger, Theodor Storm. Heinrich Noe ist mehr den Reiseschriftstellern zuzurechnen. In dem nach seinem Tod 1898 erschienen Reisebericht „Aus dem Berchtesgadener Lande" schreibt er: „Berchtesgaden ist der Yellowstone Park der Deutschen Alpen". Durch diesen Vergleich mit dem ältesten Nationalpark der Erde hat er den 80 Jahre später errichteten Nationalpark Berchtesgaden zumindest literarisch vorweggenommen.

Die Maler entdeckten Berchtesgaden am Anfang des 19. Jahrhunderts, als von der im deutschsprachigen Raum tonangebenden Malschule in Wien die Landschaft als Motiv in den Vordergrund gerückt wurde. Die Landschaft Berchtesgadens hatte hierzu viel zu bieten. Es entstanden so bekannte Gemälde wie die „Tierbändiger vor dem Wirtshaus" mit Watzmannkulisse im Hintergrund 1824 von Johann Adam Klein, „Der Watzmann" 1824 von Ludwig Richter und ein weiteres Watzmannmotiv ebenfalls 1824 von Caspar David Friedrich. Neben dem Watzmann gehörte der Königssee zu den bevorzugten Landschaftsmotiven. Einer der beliebtesten Malerstandorte an seinem Ufer hat seither die Ortsbezeichnung „Malerwinkel". Er ist heute von der Schiffslände in Königssee aus auf einem bequemen Spazierweg zu erreichen.

Das 1810 bayerisch gewordene Berchtesgaden und die dortige Sommerresidenz der bayerischen Könige lockten natürlich auch Maler aus der neuen Landeshauptstadt an, unter ihnen Carl Rottmann. Eines seiner bekanntesten Gemälde ist das mit Blick vom Hintersee aus 1846 geschaffene Motiv „Der Hohe Göll im Alpenglühen".

Hintersee wurde zu einer überaus beliebten Malerherberge. Neben den grandiosen Motiven in seinem Umfeld trug vor allem die anekdotenreiche Wirtin Babette Auzinger bei. Sie hatte ab 1879 das Wirtshaus, das heute noch ihren Namen trägt, gepachtet und es zum Treffpunkt der Malerkolonie am Hintersee gemacht. Eine „Malerchronik vom Hintersee" berichtet in Texten und Bildern darüber. Unter den bedeutenden Alpenmalern waren Vater Edward Theodore Compton und Sohn Edward Harrison Ende des 19. und Anfang des 20. Jahrhunderts oftmals mit Pinsel und Palette in Berchtesgaden. Der im Jahr 1919 gegründete „Berchtesgadener Künstlerbund", in dem auch Landschaftsmaler vertreten sind, führt die Malertradition Berchtesgadens weiter. Will Klinger-Franken, Michael Lochner, Anton Reinbold und Josef Vietze seien in einer Auswahl genannt.

Die bildende Kunst hat eine nahezu gleich lange Geschichte wie die Kloster- und Siedlungsgeschichte selbst. Zu den ältesten Zeugnissen zählen die figürlichen Darstellungen an den Pfeilern, Kapitellen und Jochen des romanischen Kreuzgangs neben der

Hoher Göll mit 2.522 m (links im Hintergrund) und der Hochkalter mit 2.607 (rechts) sind nach dem 2.713 m hohen Watzmann, der gerade noch hinter dem Hochkalter hervorschaut, die höchsten Berge Berchtesgadens. Alle drei Gipfel liegen im Nationalpark und gehörten auch schon zu seinem Vorgänger, dem Naturschutzgebiet Königssee.

Das Plateau der Reiteralm fällt nach Südosten steil über die Mühlsturzhörner in das Klausbachtal ab. Kurz vor der Grenze liegt noch auf bayerischer Seite die Bindalm, ein beliebtes Ausflugsziel, das im Sommer auch mit dem Bus erreichbar ist.

Die Ramsau ist die Heimat des Erstbezwingers der Watzmann-Ostwand. Johann Grill (links), genannt nach seinem Hofnamen „Kederbacher“ schaffte diese bergsteigerische Meisterleistung 1881 mit seinem Begleiter Otto Schück (rechts) aus Wien. Zur Erinnerung hat ihm die Heimatgemeinde vor dem Rathaus ein Denkmal errichtet.

Das brüchige Dolomitgestein am Fuß der Reiteralm deutet an, was es mit dem Namen Ramsau auf sich hat. Von hier wird der Gesteinsschutt geliefert, auf dem flussabwärts in einer Au die Ramsau liegt. „Rams“ ist ein altes Wort für Schutt.

Stiftskirche. Sie kann man noch ins 12. Jahrhundert und Anfang des 13. Jahrhunderts datieren. Reichlich sind Wälder, Wiesen, Kirchen, Friedhöfe, Dörfer und Märkte mit Steinmetzarbeiten aus allen Epochen ausgestattet. Sehenswert ist das, was lebende Künstler dem in der Vergangenheit Geschaffenen hinzufügen. Auch hier nur eine Auswahl, die nicht vollständig sein kann: im Markt Berchtesgaden der Brunnen mit Mutter und Kind am Weihnachtsschützenplatz und der Kanzlerbrunnen im Nonntal, beide von Friedrich Schelle, sowie der Goldeselbrunnen von Hans Richter, der Brunnen gegenüber dem Brennerbräu in Bischofswiesen mit der Szene des Tausches der „Bischofswiese" im Jahr 1155 und das Bergsteigerdenkmal des Erstbesteigers der Watzmannostwand Kederbacher von Alfred Essler, ein Brunnen am Rathaus von Schönau am Königssee mit dem Motiv eines Almabtriebs über den Königssee von Norbert Däuber, die Steinbockgruppe von Hermann Ebner vor dem Alten Bahnhof mit Nationalpark-Informationsstelle in Dorf Königssee oder die Luchsskulptur vor der Nationalpark-Informationsstelle in St. Bartholomä von Elisabeth Hasenknopf-Sebold.
Die Notwendigkeit eines Zusatzeinkommens für die Bevölkerung schuf eine vielfältige, auf Holzbearbeitung aufbauende Handwerkskunst. Die Erzeugnisse reichen von grobgeschnitzten Figuren mit ihrem besonderen Charme über Christbaumschmuck bis zu bemalten Spanschachteln.
Die Architektur erlebte bereits zu Beginn der Klostergründung mit dem romanischen Kreuzgang einen glanzvollen Höhepunkt. Die ländlichen Baustrukturen waren meistens von dem bewegten Relief bestimmt. Für langgezogene Gebäude mit Wohnhaus und Stall unter einem durchgehenden Dach fehlte meist ein ausreichend großes, ebenes Gelände. Das Ergebnis war die Trennung von Wohn- und Stallgebäude in einen „Zwiehof", dem mancherorts ein separat stehender „Getreidekasten" noch zugeordnet ist. Die Dachlandschaft Berchtesgadens wird – die öffentlichen Gebäude mit Walmdächern ausgenommen – ganz überwiegend von flach geneigten, mit Legschindeln gedeckten Satteldächern geprägt. Im Laufe der Zeit wurden die Schindeln von Blech und Ziegeln verdrängt. An der Grenze zu Salzburg vermischt sich die Dachform mit den dort häufig vorkommenden Krüppelwalmdächern.
Im Zentrum des Marktes Berchtesgaden und in Marktschellenberg ist die Bebauung zu Straßen-

Die Ramsauer Ache kann zu einem wilden Bergbach werden. Die Fußgängerbrücke, die zusammen mit der dahinter auf sicherer Anhöhe erbauten Pfarrkirche ein berühmtes Maler- und Postkartenmotiv darstellt, musste schon des Öfteren neu gebaut werden. Kirchenraum und Deckengemälde wirken gerade in ihrer etwas bescheideneren Barockausstattung.

Die sakrale Architektur im Berchtesgadener Raum wird von Kirchenbauten beginnend mit der im Kern im 12. Jahrhundert entstandenen Klosteranlage bis zur 1999 fertiggestellten Bergsteigerkapelle auf der Kührointalm am Watzmann dokumentiert. In Zusammenhang mit dem zentralen Kloster sind die prunkvollen Sommersitze der Fürstpröpste zu nennen. Schloss Lustheim, erbaut um 1660, wurde 1941 abgetragen. An seiner Stelle befindet sich heute der Bergfriedhof. Das um 1750 erbaute Schloss Fürstenstein dient heute dem Bayerischen Lehrer- und Lehrerinnenverband als Erholungsheim. Der Festsaal kann für Feierlichkeiten angemietet werden. Dort zu einem Fest geladen zu sein und von einem Berchtesgadener Partyservice mit heimischen Produkten verköstigt zu werden, ist ein Erlebnis besonderer Art, an das man sich gerne und lange erinnert. Auch hohe Funktionsträger des Klosters wie Stiftsdekane und Stiftskanzler hatten ihre repräsentativen Bauten. Das 1614 errichtete Schloss Adelsheim ist hier zu nennen. Es diente später als Hauptsalzamt und beherbergt heute das Heimatmuseum.

Sommersitze späterer Landesherren sowie von Adeligen und wohlhabenden, auswärtigen Gezügen mit giebelständigen Häusern verdichtet, die hübsche Straßenzüge und Plätze umschließen.

Bevor die Zuflüsse die breitere Talaue der Ramsau erreichen, müssen sie einige Engstellen durchfließen. Im Zauberwald bietet ein bachbegleitender Wanderweg Einblicke in den wilden Bergbach. Kurz oberhalb des Dorfes Ramsau kann der Fußgänger einen Blick von der Marxenbrücke in die tiefe Schlucht werfen. Dem schnell über die Brücke eilenden Autofahrer entzieht sich dieser Blick.

Die Almgebäude wurden ursprünglich in der speziellen Berchtesgadener Form des „Rundumkaser" gebaut. Die Erklärung liegt im Namen. Im Zentrum der Hütte befinden sich Wohn- und Schlafraum. Außen herum war der offene Stall. Später erhielt auch der Stall eine geschlossene Außenwand. Damit entstand das Problem, den Wohnteil zu belichten und zu belüften. Er rückte deshalb an eine Außenseite oder in ein Außeneck und schließlich in den Vorderteil des Baus. Die baugeschichtliche Entwicklung der Berchtesgadener Almgebäude ist auf der Bindalm, die im Klausbachtal kurz vor dem Hirschbichlpass liegt, anhand von vier Almhütten zu sehen.

schäftsleuten und Unternehmern entstanden als Villen und Landhäuser im 19. Jahrhundert. Hervorzuheben sind die für König Maximilian II. um 1850 erbaute Königliche Villa an der Kälbersteinstraße, die Villa Alpenruhe am Metzenleitenweg, erbaut um 1860 mit nachfolgenden mehrmaligen Um- und Anbauten – nach einem späteren Besitzer auch Stör-Villa genannt, die heute von der Polizei genutzte, 1874 vom Prager Großkaufmann Josef Bayer errichtete Villa Bayer und schließlich die über dem Markt Berchtesgaden thronende, 1890 erbaute Villa Marienfels, die nach ihrem Bauherren auch den Namen Pintsch-Villa führt.
Wer Kunst und Architektur in Berchtesgaden erleben will, der sollte mit offenen Augen, unterstützt von geschriebenen Führern, durch die Landschaft gehen, die Kirchen besichtigen, das Schlossmuseum und das Heimatmuseum im Schloss Adelsheim besuchen. Manche Geschäfte, Werkstätten und Dauerausstellungen, wie die neu eingerichtete Handwerkskunst zwischen den beiden Torbögen vor dem Schlossplatz oder das Kunsthaus „Nonntal 10" bieten alte „Berchtesgadener Ware" aber auch neue Kreationen zum Kauf an.

Unterhalb der Ramsau fließt der Wimbach aus dem gleichnamigen Wimbachtal der Ramsauer Ache zu. Kurz vor seiner Mündung zwängt er sich durch die ebenso wie die Almbachklamm gut erschlossene Wimbachklamm. Von den Weganlagen sieht man eindrucksvoll die Karstquellen, die am Fuß des Watzmann aus dem Gestein austreten.

ENTWICKLUNG DER LANDSCHAFT

Am südlichen Talschluss des Wimbachtales gehen die brüchigen Dolomitgesteine, die sonst vom stabileren Dachsteinkalk überlagert sind, bis in die Gipfelbereiche der Palfenhörner. Von hier wird der mächtige Schuttstrom ernährt, der sich durch das Wimbachtal nach Norden schiebt. An manchen Stellen ist er bis über 300 m tief. Der sich ständig verlagernde Schuttstrom hat wechselnde Vegetationsstadien zur Folge. Von Erstbesiedlungen bis zu reifen Bergwäldern reichen die Varianten. Keine hat an ihrem Standort Bestandsgarantie. Man könnte sich in die Dynamik der Späteiszeit versetzt sehen. Schneeschmelze und wolkenverhangene Regentage halten alles in Gang.

Die Alpen und damit auch die Berchtesgadener Alpen, die jenseits der Grenzen Salzburger Kalkhochalpen heißen, waren ursprünglich als Nordrand Afrikas angelegt. Dies liegt weit in der Erdgeschichte zurück und ist dem Erdmittelalter vor 240 bis 70 Millionen Jahren zuzuordnen. Dort wo heute in etwa das Mittelmeer liegt, war damals ein viel größeres „Mittelmeer", die Thetis. In dieses Meer wurden aus den umliegenden Kontinenten Europa und Afrika die Sedimente des Haselgebirges mitsamt den Salzlagerstätten, der grauen Kalk- und Dolomitgesteine, der roten Juragesteine und der dunklen Kreideschichten abgelagert. In dieser Reihenfolge sollten sie auch heute noch übereinander liegen. Das ist aber nicht immer so. Zu Anfang der Erdneuzeit vor etwa 70 Millionen Jahren begannen die Kontinente sich wieder zu verschieben. Nord- und Südamerika trifteten nach Westen, Afrika und die frühere pazifische Großinsel Indien nach Norden auf den verfestigten Kontinent Eurasien zu. Die auf über 2.000 Meter angehäuften Sedimente der Thetis wurden auf den europäischen Kontinent aufgeschoben, dabei in die Höhe gestemmt und teilweise über- und unterlagert. So liegen heute beispielsweise am Hohen Göll die älteren grauen Kalke über den jüngeren roten Juraschichten. In der Scharitzkehl-Alm ist dieses geologische Phänomen zu sehen. Im Steinernen Meer hingegen liegt das aus rotem Juragestein bestehende „Rotwandl" noch wie von jeher über den älteren Kalkschichten. Der Watzmann, besser gesagt seine Gesteine, haben von ihrer Ablagerungsstätte aus gesehen eine Reise nach Norden von etwa 1.000 km hinter sich.

Den bisher letzten Schliff erhielt die Landschaft Berchtesgadens während der Eiszeiten der zurückliegenden etwa 1 Million Jahre. Randmoränen im Herrenrointgebiet am Watzmann zeigen, dass das Eis der Gletscher mindestens 800 m dick gewesen sein muss. Man hätte damals in dieser Höhe über dem Königssee nahezu eben zur Priesbergalm auf der Ostseite des Sees hinübergehen können. Nach Abschmelzen der letzten Gletscher in der Späteiszeit ab 15.000 bis 10.000 Jahren vor heute ereigneten sich verstärkt Felsstürze aus den jetzt frei

liegenden übersteilten Bergflanken. Einer davon hat zusammen mit einer Endmoräne des zurückweichenden Königsseegletschers den Königssee vom Obersee getrennt. Der Eisbach verfrachtet aus dem Tal unterhalb der Watzmannostwand und den Hachelköpfen jenes Schuttmaterial, das die Halbinsel St. Bartholomä aufgeschüttet und dort den Königssee auf etwa ein Drittel seiner ursprünglichen Breite eingeschnürt hat. Im Wimbachtal zwischen Watzmann und Hochkalter liegt ein nacheiszeitlicher Schuttkörper, der zusammen mit einer darunter zurückgebliebenen Grundmoräne eine Tiefe von stellenweise über 300 m erreicht.

In den schwer zugänglichen Nadelwäldern der Hochlagen aus Lärchen, Fichten und Zirben haben sich Urwaldreste erhalten. Holznutzung und Holztransport waren dort zu aufwändig und gefährlich. Sollte dorthin vor Zeiten Weidevieh gekommen sein, so war dies kurzfristig und liegt mehr als ein halbes Jahrhundert zurück.

In der Nähe zur Waldgrenze lichtet sich der Wald. Die Bodenvegetation bekommt Licht zum Wachsen und Blühen und bietet Nahrung für das Steinwild.

In der Späteiszeit erobert die Vegetation, die mit kälteertragenden und kleinwüchsigen Arten in Wärmeinseln der Alpen überlebt oder sich in die Alpenvorländer zurückgezogen hat, wieder die Bergregionen. Mit einer gewissen Verzögerung folgen die Wälder. Für die Neubesiedlung haben sie ihre Spezialisten, die zu recht Pionierbaumarten genannt werden. Kiefernwälder mit Birken, Weiden und Lärchen beherrschten zunächst die Bergwälder Berchtesgadens vom Tal bis zur Waldgrenze. Mit zunehmender Erwärmung stieg die Waldgrenze bergauf und erreichte nach dem letzten nochmaligen Gletschervorstoß vor etwa 10.000 Jahren den Funtensee in 1.600 m im Steinernen Meer. Es folgten einige nacheiszeitliche Wärmegipfel, wie sie seither nicht mehr vorkamen. Wärmeliebende Eichenmischwälder wanderten aus dem Alpenvorland bis in die Täler und unteren Hänge Berchtesgadens ein. Die Waldgrenze stieg bis auf über 2.000 m an. Eine Wanderung über das Steinerne Meer wäre damals weitgehend durch Wald gegangen. Vor 6.000 Jahren wurde es kühler und feuchter. Das sagte den Fichten, Buchen und Tannen zu. Sie drängten sich zwischen die Eichenwälder im Tal und die Lärchen-Kiefernwälder in den höheren Lagen hinein. Die robustere unter ihnen, die Fichte, stieg bis in die Hochlagen hinauf. Die Gründer des Augustiner Chorherrenstifts fanden grob zusammengefasst jene 3-stufigen Waldgürtel vor, wie sie heute noch vorhanden wären, hätte der Mensch nicht anschließend eingegriffen: Im Tal die Laubmischwälder, an den Hängen die Bergmischwälder aus Fichte, Tanne und Buche sowie in den Hochlagen die Nadelwälder aus Fichte, Lärche und Zirbelkiefer.

Vieles spricht dafür, dass die Rodungen auf die Täler und die unteren Hänge, bevorzugt die südexponierten niedrigen Terrassen, konzentriert waren. Anstelle der Wälder entstand Grünland. Um für den Winter Futter zu gewinnen, wurden große Flächen

An der Röthwand unterhalb der Wasseralm wird der Röthbach zum Wasserfall. An solchen felsendurchsetzten Steilwänden konnte die Wildnis auch in tieferen Lagen überleben.

Wer in den Hochgebirgen ganzjährig überleben will, muss sich anpassen. Als guter Kletterer erreicht die Gämse die steilen, der Sonne zugewandten Hänge und Felspartien, wo der Schnee nicht lange liegen bleibt. Dem Auerwild sind die Baumkronen und die seiner Nahrung dienenden Nadeln und Knospen zugänglich. Einen darauf eingestellten Verdauungsapparat benötigt es allerdings dazu auch. Die Murmeltiere halten Winterschlaf. Den überleben sie jedoch nur, wenn sie im Sommer beim Fressen nicht dauernd gestört werden.

als Mähwiesen genutzt. Weniger ertragreiche Grünlandflächen dienten als Weideland für das auch im Sommer im Tal verbliebene Vieh. Es war weiträumig mit Laubbäumen, bevorzugt mit breitkronigen Ahornbäumen überstellt, deren Laub als Stalleinstreu benötigt wurde. „Tratten" werden diese Weiden benannt. Sie sind von besonderem landschaftlichem Reiz, sind heute selten geworden und stehen vielfach unter Schutz. Der Großteil des Viehs ging nach der hofnahen Heimweide des Frühjahrs im Sommer auf die Almen und kehrte im Herbst nach der Heuernte wieder auf die Heimweide zurück. Die sommerlichen Viehweiden in den Hochlagen hatten in Berchtesgaden bereits vor der Klostergründung bestanden. Allerdings kam das Vieh aus Höfen im Salzburger Land. Dafür spricht eine Schenkung aus der Zeit um 700, nach der die Alm „Gauzo", vermutlich die heutige Gotzenalm, zur Schafweide einem Hofbesitzer aus dem Salzburger Raum überlassen wurde. Die ersten von Berchtesgadener Höfen aus betriebenen Almen waren sehr wahrscheinlich der Tradition folgend ebenfalls auf die waldfreien Hochlagen und die darunter anschließenden lichten Wälder an der Waldgrenze konzentriert. Die auf dem Weg dorthin liegenden natürlichen Waldblößen, beispielsweise an Seeufern und Bächen, wurden mit mehr oder weniger kurzen Stationen ebenfalls genutzt, denn jedes Futterangebot war kostbar. Heute sind nur noch dem geschulten Auge oder dem kartenlesenden Wanderer die längst verfallenen Weidestationen am Schrainbach, Unterlahner und Oberlahner auf dem Weg zur Hauptalm am Funtensee erkennbar. Die Funtenseealm selbst wurde in den 60-Jahren des 20. Jahrhunderts aufgegeben.

Das so bereits in den Grundzügen angelegte stufenweise Weidesystem vom Tal auf die Hochalmen und wieder zurück ins Tal erfuhr einen intensiveren Ausbau durch die Klimaverschlechterung des 17. und 18. Jahrhunderts, die etwas übertrieben „Kleine Eiszeit" genannt wird. Die Erträge in den Hochlagen gingen zurück. Manche Hochalmen mussten sogar aufgegeben werden. Möglicherweise hat die Sage von der heute schneebedeckten „Übergossenen Alm" am Hochkönig darin ihren Ursprung. Weideflächen in den Hanglagen wurden erweitert oder neu angelegt, was nicht immer konfliktfrei mit dem Kloster als Waldeigentümer ablief, das ja seine Salinen mit Brennholz zu beliefern hatte.

Der Gänsegeier und andere Vögel verlassen im Winter die Alpen. Sein Verwandter, der Bartgeier bleibt da. Seine Leibspeise sind die Kadaver verendeter Tiere.

Der Holzbedarf der Salinen war seit Anfang des 16. Jahrhunderts durch Eröffnung eines zweiten Bergwerks mit angeschlossener Saline in Berchtesgaden gewaltig gestiegen. In einer „Waldtaxation" von 1602, die den Holzbedarf der nun zwei Salinen in Marktschellenberg und Berchtesgaden kalkulieren sollte, ist von der Sorge um deren „perpetuierliche" Holzbelieferung zu lesen. Überlegungen zur Nachhaltigkeit haben also in Berchtesgaden bereits eine Geschichte von 400 Jahren.

Vorhergehende Doppelseite:
Landtal

Die Ostwand, teilweise vom Kleinen Watzmann verdeckt, sieht man von der Königsbachalm.

Der Sachzwang der Tagespolitik war aber dann doch stärker als die Idee der Nachhaltigkeit. Aufgrund von Übernutzungen in der Folgezeit ist in einer späteren „Waldvisitation" von 1794 wenig Schmeichelhaftes über die Salinenwälder nachzulesen. Die ab 1810 neuen bayerischen Landesherren und ihr umtriebiger Leitender Minister Graf von Montgelas ließen zur Entlastung der Berchtesgadener Wälder die bereits erwähnte Soleleitung nach Reichenhall bauen und nach einer Waldtaxation von 1819 ein Waldsanierungsprogramm folgen. Ziel war vor allem, die nahezu 30 % Waldflächen ohne nutzbaren Holzvorrat wieder zu bestocken. Die Forsteinrichtung von 1856 zeigte sich mit dem Erfolg der Sanierung zufrieden. Die Kulturflächen wurden allerdings selbst im Bergmischwaldbereich mit Fichte bepflanzt. Die naturfernen Fichtenforste sind heute noch weit verbreitet und werden noch einige Zeit in Anspruch nehmen, bis sie wieder Bergmischwälder sein werden.

Aus den Hochalmen gab es, beginnend zwischen den beiden Weltkriegen und insbesondere nach 1945, einen weiteren Rückzug. Sie waren seit jeher schwer zu erreichen, die hochgezüchteten Rinderrassen bewältigten die Wege und Steige dorthin

Nur mit Fahrwegen erschlossene Almen werden heute noch bewirtschaftet. Eine der höchstgelegenen ist die Gotzenalm vor der Kulisse des westlichen Steinernen Meeres mit Großem Hundstod und der nebelverhangenen Watzmann-Ostwand. An ihrem Fuß ist das Eisfeld zu erkennen. An dessen unterem Ende entspringt aus der sog. „Eiskapelle" der Eisbach.

Nahe am Normalweg zum Watzmann liegt die Lahneralm mit Blick zum Hohen Göll und Hohen Brett.

Schneefreie Flecken künden auf der Gotzenalm den nahenden Frühling an. Die Alm ist um diese Jahreszeit wegen des noch tief mit Schnee bedeckten und lawinengefährdeten Zugangs nicht erreichbar. Die Birkhähne können deshalb ungestört ihr Balzspiel aufführen. Zur gleichen Zeit liegen unten im Tal des Königssees der Schrainbachwasserfall und der Verbindungsbach zwischen Obersee und Königssee mit sonnenbeschienenen Teufelshörnern noch in Eis und Schnee.

Vorhergehende Doppelseite: Obersee

nicht mehr, Personal war kaum für diese entlegenen Arbeitsplätze zu bekommen und schließlich konnte von Rentabilität keine Rede mehr sein. Äußerst langsam erobert sich der Wald diese seine Grenzstandorte wieder zurück. Der Tourismus bot im Tal neue Einkommensmöglichkeiten.

Das Hochgebirge und seine Gipfel galten lange als unnahbarer Sitz der Götter, als Rückzugsgebiet böser Geister und Dämonen, als unwirtlich und lebensbedrohend. Ein Beitrag zum Lebensunterhalt war von dort nicht zu erwarten. Von Jägern und Wilderern abgesehen mied man diese Örtlichkeiten. Das änderte sich, als die Flachlandbewohner einhergehend mit einer zunehmenden Industrialisierung und Verstädterung ihrer Heimat Mitte des 19. Jahrhunderts das freie Land und die Berge entdeckten. Die Engländer gründeten 1857 den ersten Alpenclub der Welt. 1869 folgte der Deutsche Alpenverein. In Berchtesgaden entstand kurz darauf 1875 die örtliche Alpenvereinssektion. Bereits 1898 erschien in den „Mittheilungen" des damals noch gemeinsamen „Deutsch-Österreichischen Alpenverein" ein sorgenvoller Bericht über die Gefahren, die der Tier- und Pflanzenwelt der Alpen durch die touristische Erschließung drohte. Ein Zitat daraus soll dies bestätigen: „Die gleiche Gefahr, welche diesen Thierarten droht, besteht aber auch für mehrere Pflanzenarten. Von diesen spricht bis jetzt niemand, obwohl einige derselben nur der strengsten Geheimhaltung der Standorte eine höchst gefährdete Existenz verdanken". Der Bericht fährt fort: „Die Aufgabe lässt sich durch Gründung eines Pflanzenhortes lösen, dessen erste und oberste Aufgabe es wäre, die gefährdeten Pflanzenarten zu erhalten". Berchtesgaden wurde in die Suche nach einem solchen „Pflanzenhort" einbezogen und erhielt 1910 ein als „Pflanzenschonbezirk" ausgewiesenes Schutzgebiet von etwa 8.300 ha Größe. Es war eines der ersten in den Alpen und umfasste den südlichen Königssee mit den umliegenden Bergen. Bemerkenswert ist, dass die Initiatoren bereits bei der Planung zum ersten Berchtesgadener Schutzgebiet mit dem Schutzkonzept des ihnen bekannten Yellowstone Nationalpark liebäugelten, „ ... in dem kein Schuss fallen, kein Stein vom anderen genommen, kein Zweig umgeknickt, keine Pflanze ausgerissen, kein Tier getötet werden darf. ...". Es sollte also ein Schutzgebiet nach der Kernidee eines Nationalparks „Natur Natur sein lassen" werden. Dies war jedoch damals bei der noch intensiv und großflächig betriebenen Almwirtschaft und in dem Hofjagdgebiet nicht möglich. Man wählte folgerichtig einen Schutzinhalt, der den Schutz der Alpenpflanzen in den Mittelpunkt stellte, wie dies im Schutzgebietsnamen auch zum Ausdruck kam. Nach dem ersten Weltkrieg wurde das Schutzgebiet auf etwa 20.000 ha erweitert. Es erhielt den Namen „Naturschutzgebiet Königssee" und schloss jetzt den Hohen Göll, den Watzmann, das Wimbachtal, den Hochkalter, den Hintersee und das südlich anschließende Klausbachtal mit den Süd-Ost-Abhängen der Reiteralm mit ein.

Erneut eine touristische Initiative bereitete den Weg zum Nationalpark. In den 60er Jahren entstand der Plan, auf den Watzmann eine Seilbahn zu bauen. Die Vertreter des Naturschutzes riefen zum „Kampf um den Watzmann" auf und setzten sich schließlich durch. Nach einleitendem Landtagsbeschluss von 1972 und sechsjähriger Planung wurde am 1. August 1978 die „Verordnung über den Alpen- und den Nationalpark Berchtesgaden" erlassen und damit der Nationalpark Berchtesgaden errichtet. Er entspricht im Wesentlichen der Fläche des früheren Naturschutzgebietes. Herausgenommen wurden das inzwischen erschlossene Skigebiet am Nordhang des Jenner und der touristisch stark

genutzte Hintersee. Hinzu kamen das südliche Plateau und weitere Einhänge der Reiteralm. Der Nationalpark ist ausschließlich im staatlichen Eigentum und knapp 21.000 ha groß.

Entsprechend den aktuellen internationalen Richtlinien muss ein Nationalpark, gegebenenfalls nach einer Übergangszeit, mindestens 75 % seiner Fläche in eine „Kernzone" einbringen. In ihr hat das zentrale Ziel, die Natur sich selbst zu überlassen, absoluten Vorrang. Die Kernzone des Nationalparks Berchtesgaden beträgt zurzeit 67 %. Sie wird das gesetzte Ziel voraussichtlich zwischen dem 25. und 30. Geburtstag des Nationalparks erreichen. Vorhandene Unterkunftshäuser der alpinen Vereine und markierte Wege genießen Bestandsschutz. In einer „Pflegezone" von maximal 25 % der Gesamtfläche können dauerhaft traditionelle und nachhaltige Nutzungen weitergeführt werden. Sie umfasst im Nationalpark Berchtesgaden zurzeit 23 % und wird in diesem Ausmaß für absehbare Zukunft Bestand haben. In der Pflegezone wird die heute noch aktuelle Almwirtschaft mit Licht- und Waldweide betrieben, wird auf Teilflächen der Waldumbau zu naturnahen Bergmischwäldern und die Borkenkäferkontrolle durchgeführt. Dort findet die Regulierung der Gams-, Hirsch- und Rehwild-

Den Schwemmkegel der Halbinsel St. Bartholomä hat der Eisbach mit Schuttmaterial aus der Watzmann-Ostwand und aus den links davon im Schatten liegenden Hachelköpfen in den Königssee hinausverfrachtet.

Durch das Eisbachtal zum großen Hundstod in der Mitte des Horizonts verlief die Grenze des ersten Berchtesgadener Schutzgebietes. Links von dieser Linie lag der 1910 errichtete „Pflanzenschonbezirk Berchtesgadener Alpen".

bestände statt. In ihr liegen die Quellfassungen der öffentlichen Wasserversorgung. Am Königssee, der zur Pflegezone gehört, werden die Schifffahrt und die Fischerei durch einen Berufsfischer weitergeführt.

Mit dem Nationalpark kehrt auf einer namhaften Fläche nach Berchtesgaden jene Wildnis zurück, die der Chronist der Klostergründung vor 900 Jahren so furchterregend beschrieben hat. Sie wird allerdings keine Drachenbrut beherbergen. Sie wird auch nicht mehr abweisend und menschenfeindlich sein. Sie ist auf 240 km markierten Wanderwegen und Steigen begeh- und erlebbar und für das Urlaubs- und Ferienland Berchtesgaden ein attraktives und weithin konkurrenzloses Besucherangebot. Wildnis des Nationalparks und Kulturlandschaft in seinem besiedelten und von nachhaltiger bäuerlicher Wirtschaft geprägten Vorfeld bieten in ihrer unmittelbaren Nachbarschaft einen reizvollen Kontrast, der seinesgleichen sucht. Die UNESCO hat Nationalpark und Vorfeld 1990 als Biosphärenreservat anerkannt. Um die Zustimmung der Gemeinden muss noch gerungen werden. Erst dann wird das Gesamtgebiet von der Bayerischen Staatregierung in einem zweiten Schritt als Biosphärenreservat erklärt werden. Manche Initiativen benötigen vor Ort eine Keimruhe.

WALLFAHRTEN UND WALLFAHRTSKIRCHEN

Dem Himmel nahe sind die Wallfahrer, wenn sie ihr Ziel in Maria Gern erreicht haben. Der Eindruck bleibt, auch nachdem sie den barocken Innenraum der Kirche betreten haben. Draußen ein grandioser Ausschnitt aus der Schöpfung, drinnen berichten die Votivbilder davon, dass viele Besucher von der Hilfe des Gnadenbildes überzeugt sind.

Vorhergehende Doppelseite: Ettenberg mit Wallfahrtskirche

In Maria Gern kann man nahe dem Himmel wandern. Der Name „Gerer Höhenweg" hält, was er verspricht. Von dort oben schweift der Blick weit über den Talkessel. Aber auch kleine Köstlichkeiten der bäuerlichen Baukultur liegen am Weg.

Wallfahrten sind seit dem Mittelalter beliebte Unternehmungen. Heute erleben sie eine eindrucksvolle Renaissance. Ihre Ziele sind Orte, die mit kleinen Bildstöcken bis zu großartigen Kirchen ausgestattet sind. Sie sind ebenso in der freien Landschaft oder im Wald wie auch in Dörfern und Städten zu finden. Der religiöse Kern einer Wallfahrt wird meist von einem gesellschaftlichen Umfeld begleitet. Nicht selten steht deshalb neben der Wallfahrtskirche oder zumindest in erreichbarer Nähe ein Wirtshaus, in vielen Fällen gruppieren sich Andenkenläden darum herum. Die kirchliche wie auch die weltliche Obrigkeit war nicht immer sehr angetan von dem Zuspruch, den die Gläubigen und Untertanen diesen Veranstaltungen entgegenbrachten, vor allem wenn die Wege weiter fort führten oder sogar mehrere Tage in Anspruch nahmen. An Sonn- und Feiertagen vermissten die Pfarrherren die Gläubigen in der heimatlichen Kirche, an Werktagen fehlten den Unternehmern die Arbeitnehmer in den Betrieben und Geschäften. Nach Abschluss des religiösen Teils einer Wallfahrt konnte es auch schon einmal lustig und ausgelassen zugehen, „verderbte Ausschweifungen" eingeschlossen. Einschränkungen, ja sogar Verbote waren gelegentlich die Folgen.

Berchtesgadener Wallfahrer pilgerten gerne über die eigenen Landesgrenzen hinaus. Beliebte Ziele waren Groß-Gmain, Dürrnberg bei Hallein, Maria Alm jenseits des Steinernen Meeres und vor allem die dem Viehpatron St. Leonhard gewidmete Kirche in dem gleichnamigen Ort kurz vor Salzburg. Heute noch pilgern sie nach Maria Kirchental bei Lofer, Altötting und zu manchen anderen nahen und fernen Orten.

Eine der frühen „inländischen" Wallfahrtstätten war ab Mitte des 15. Jahrhunderts die Ährenkleid-Madonna in der Marienkapelle der heutigen Franziskanerkirche im Zentrum Berchtesgadens, vormals Augustiner Chorfrauen Kloster. Dem folgten ab der Wende vom 17. zum 18. Jahrhundert die Marienwallfahrten in die Gern, heute Markgemeinde Berchtesgaden, zur Gottesmutter am Kunterweg in der Gemeinde Ramsau und nach Ettenberg zur Maria Heimsuchung in der Gemeinde Marktschellenberg. Autofahrende Pilger unserer Zeit können in Ettenberg bei der übergroßen Christophorusfigur auf der Orgelempore um gute Fahrt anhalten. Alle drei Kirchen sind im Barockstil erbaut

Nach steilem Anstieg von Maria Alm wird zu Beginn der Batholomä-Wallfahrt um den 26. August am Riemann-Haus vor dem Sommerstein der Gottesdienst gefeiert. Anschließend geht es über die Hochfläche des Steinernen Meeres zum Funtensee und hinunter nach St. Bartholomä am Königssee. Wer schon etwas früher im Jahr unterwegs ist, begegnet oben dem Bayerischen Enzian und unten in St. Bartholomä der Schneerose. Irgendwo zwischendrin könnte er die Prachtnelke finden.

oder umgebaut und ausgestattet. Man sollte keinen Urlaub in Berchtesgaden beenden, ohne sie besucht zu haben. Schon für sich allein verdienen diese Schmuckkästchen und die Wandermöglichkeiten in ihrer Nähe einen oder mehrere Tage nach Berchtesgaden zu kommen. Das gilt auch für die vierte barocke Wallfahrtskirche St. Bartholomä auf der gleichnamigen Halbinsel am Königssee. Am Jakobstag, dem 25. Juli pilgerten viele Jahrzehnte Almleute und Holzknechte aus Berchtesgaden dorthin, wo ihrem Patron in der Kirche der linke Seitenaltar gewidmet ist. Ein weiterer Termin war und ist heute noch, vor allem für die Berchtesgadener Katharinen und ihre Anhänger der Kathreinstag am 25. November. Ihr Augenmerk gilt dem gegenüberliegenden Seitenaltar, der ihrer Namenspatronin geweiht ist. Anschließend treffen sie sich zum Kathreinskranzl im Gasthaus nebenan. In dieser späten Jahreszeit tut ein warmer Kaffee gut. Die, denen alte Bräuche noch wichtig sind, schwingen ein letztes Mal vor der nahenden Adventszeit und mit einer Pause bis Fasching das Tanzbein, denn „Kathrein stellt den Tanz ein". Wer das vielbesuchte St. Bartholomä einmal in Ruhe genießen will, dem sei ein Ausflug um diese Zeit wärmstens empfohlen. Ausgeschlossen ist nicht, dass dann schon die ersten Hirsche zu den letzten grünen Wiesen und der nahen Wildfütterung ihres Wintereinstandes auf St.Bartholomä gezogen sind. Sie werden dort nicht bejagt, sind deshalb zutraulich und gut zu beobachten.

Zu den Wallfahrtstagen der Ortsansässigen zählt natürlich auch der Festtag des heiligen Bartholomäus am 24. August. Der „Bartholomätag" oder das darauf folgende Wochenende ist jedoch das Ereignis am Königssee für die Wallfahrer, die von Maria Alm über das Steinerne Meer kommen. Heute sind es nicht mehr nur die Pinzgauer aus Maria Alm und Saalfelden, die nachgewiesen seit mindestens dem Jahr 1600 nach überstandener Pest nach St.Bartholomä und früher teilweise weiter bis nach Dürrnberg bei Hallein pilgerten. Seit einem Schiffsunglück auf dem See im Jahr 1688, bei dem an die 70 Wallfahrer ertranken, wird nur mehr St.Bartholomä angesteuert. Heute kommen die Pilger von weit her. Es wurden schon über 2.000 gezählt. Dabei ist der Weg nicht einfach. Maria Alm liegt etwa 800 m über Meeresspiegel. Streckenweise steil hinauf und an exponierten Stellen sogar seilgesichert führt der Steig bis zum Riemann-Haus auf gut 2.100 m. Dort trifft man sich zum morgendlichen Gottesdienst. Danach geht es über die Karsthochfläche des Steinernen Meeres vorbei am Rotwandl hinab zum Baumgartl, wo die ersten Zirben und Lärchen auftauchen. Der Weg ist eng. In der langgezogenen Schlange ist weder ein gemeinsames Gebet noch Gespräch möglich. Man unterhält sich mit dem, der einen für ein paar Stunden durch seine Schöpfung gehen lässt, die beiderseits des Weges über eine Erdgeschichte von gut zweihundert Millionen Jahre erzählen kann.

Im Baumgartl wird die Grenze zwischen Österreich und Deutschland überschritten. Bis vor wenigen Jahren, als Österreich noch nicht zur Europäischen Union gehörte, erbaten die Pilger von den anwesenden Grenzpolizisten und Zöllnern offiziell Einlass.

Bartholomä-Wallfahrt. Auf dem schmalen Weg durch das felsige Hochplateau des Steinernen Meeres haben sich die Wallfahrer an ein geordnetes Gehen in langen Reihen gewöhnt. Sie halten diese Ordnung auch durch die Wiesen auf der ehemaligen Funtenseealm ein, wo ein Ausschwärmen möglich wäre. Dies schont die alpine Vegetation und verhindert Bodenerosion. Ordnende Autorität ist der Vorgeher Klaus Morocutti.

Vorgeher Klaus Morocutti.

Der wurde bei Ausschank von einigen Stamperl Schnaps stets gewährt. Diese nette Geste ist – obwohl formal nicht mehr erforderlich – beibehalten worden. Das Kärlinger-Haus der Deutschen Alpenvereinssektion Berchtesgaden liegt nicht weit davon oberhalb des Funtensees auf 1.600 m Meereshöhe und lädt zur Mittagspause ein. Gestärkt steigt man dann hinunter über 1.000 m Höhenunterschied zum Königssee auf 600 m Meereshöhe. Dazwischen sind zwei Steilstufen zu überwinden. Ihre Namen Saugasse und Hochstieg erfordern keine näheren Erläuterungen. Am See bei der Mündung des Eisbachs angekommen erfrischt man sich je nach persönlichem Gutdünken mit Fuß- oder Vollbad. Die Holzknechte des Nationalparks bieten das vom Hofbrauhaus Berchtesgaden gestiftete Freibier an, das sie mit einigen Musikanten an Bord umweltfreundlich von Hand über den See gerudert haben. Nach offiziellem Empfang durch Honoratioren aus Berchtesgaden schreitet man in geordnetem Zug zur Schlussandacht in die Wallfahrtskirche und anschließend ins Wirtshaus. Seele und Leib sind mit sich im Reinen und zufrieden.

Festlichkeiten werden in Berchtesgaden das ganze Jahr hindurch unüberhörbar von den Weihnachtsschützen begleitet. Sie dürfen bei der Bartholomäkirchweih nicht fehlen.

Am Ufer des Königssees angekommen, werden die Pilger mit Bier vom Hofbrauhaus Berchtesgaden empfangen. Der Textautor dieses Buches, Dr. Hubert Zierl, half beim Ausschank auch schon mit, als er noch Nationalparkleiter war. Freibier muss nicht immer randvoll eingeschenkt sein. Wichtig ist, dass der erste Durst von möglichst vielen schnell gestillt wird.

KARTOGRAPHEN, FORSCHER UND BERGSTEIGER

Berchtesgaden fehlt auf den ersten nicht nur skizzenhaften angefertigten „modernen" Karten aus der Zeit um 1500. Erstmals wird es auf einer im Original nicht mehr auffindbaren Holzschnittkarte „Das Land und Ertzstifft Salzburg mit anstossenden Coherentzn" des Jahres 1554, gefertigt von Marx Setznagel, dargestellt. Vorhanden ist noch ein Nachdruck aus dem Jahr 1640.
In die Karte ist die doppeltürmige Stiftskirche eingezeichnet und daneben der Schriftzug „Berchtesgadnlannd" zu lesen. Etwa zur gleichen Zeit entstanden auch von bayerischer Seite Kartenwerke, die ebenfalls das benachbarte Berchtesgaden einbezogen. Sie sind die kartographischen Auswertungen eines von Herzog Albrecht V. an Philipp Apian erteilten Auftrags der Landesaufnahme im damaligen Bayern. Nach Philipp Apian sind auch die erstellten Karten benannt. Erstes Ergebnis war die „Große Karte von Bayern" von 1563. Ihr folgte die auch „Bayerische Landtafeln" genannte und 1568 erschienene „Kleine Karte von Bayern". Bemerkenswert ist, dass sowohl in der Setznagel-Karte wie auch in der Großen Karte von Bayern die Berge noch in primitiven „Maulwurfhügel-Zeichnungen" dargestellt sind. In den Tafeln 23 und 24 der Kleinen Karte von Bayern sind der Watzmann und benachbarte Berge schon verhältnismäßig gut erkennbar gezeichnet. Auf zwei Watzmanngipfeln stehen Gämsen – eine Darstellung, die man auf späteren Karten immer wieder findet. Es folgten weitere Kartenbearbeitungen. Unter ihnen soll nur noch die von dem Berchtesgadener Johann Faistenauer 1628 veröffentlichte Karte „Das Landt und Frl.(Fürstliche) Stifft Berchtolsgaden, mit den anstossenden Grentzen" erwähnt werden. Als Alexander von Humboldt 1797 Berchtesgaden besuchte und hier auch Vermessungsarbeiten durchführte, konnte er bereits auf fortgeschrittene Kartenunterlagen zurückgreifen.
Viele Forscher, die vor zweihundert Jahren nach Berchtesgaden kamen, waren auch Theologen. Die Biographie des Franz von Paula Schrank, der 1785 „Naturhistorische Briefe über Oestreich, Salzburg, Passau und Berchtesgaden" veröffentlichte und darin hochinteressante Reiseberichte über seine Besuche in Berchtesgaden abdruckte, liest sich

Eine anspruchsvolle Klettertour führt über den Westgrat, auf dem das Pflughörndl sitzt, zum Gipfel des Hohen Göll.

Vorhergehende Doppelseite: Watzmann mit dem 1888 errichteten Watzmannhaus.

Der Aufstieg Richtung Göllscharte durch das Alpeltal ist mit Tourenskiausrüstung auch im Winter möglich. Genussreich wird eine solche Unternehmung aber erst, wenn man gute Kondition hat und die Fähigkeit mitbringt, im nicht präparierten Schnee zu gehen und zu fahren.

in Stichworten so: Studium der Fächer Theologie, Philosophie, Mathematik und Naturwissenschaften; 1774 Priesterweihe in Wien, 1776 Doktor der Theologie; Professuren für Mathematik, Physik, Landwirtschaft, Berg- und Forstwirtschaft, Botanik und Zoologie unter anderem in Ingolstadt und Landshut; Mitglied der Bayerischen Akademie der Wissenschaften. Man kann ihn stellvertretend für viele Forscher vorstellen, die gegen Ende des 18. Jahrhunderts und Ende des Augustiner Chorherrenstifts zu Studienzwecken nach Berchtesgaden kamen. Wie ihre Ausbildung und ihr beruflicher Werdegang ausweist, waren sie keiner wissenschaftlichen Disziplin allein verpflichtet. Sie beschrieben so ziemlich alles, was am Wege lag, auch wenn Geologie, Geographie, Botanik und die Zoologie an Land und im Wasser im Vordergrund standen.

Einen für die damalige Zeit interessanten Aspekt steuerte Joseph August Schultes bei. Auch er war Doktor der Theologie und Professor für Zoologie, Botanik, Mineralogie, Chemie und Naturgeschichte an den Universitäten Wien, Krakau, Innsbruck und Landshut, dort auch Direktor der chirurgischen Schule. In seiner 1804 erschienenen Schrift „Reise nach Salzburg und Berchtesgaden" überschreibt er ein Kapitel mit „Exkursionen in dem Ländchen Berchtesgaden". Eine Exkursion führte ihn nach St. Bartholomä. Er steht am Ufer des zur Halbinsel gewordenen Schwemmkegels, den seit Ende der Eiszeit der Eisbach mit seinem Geröll in den See hinausschiebt und denkt darüber nach, wie die Sache weiterlaufen wird. Seine Überlegungen hält er schriftlich fest mit folgenden Sätzen: „Wie viel aber Zeit dazu gehört, dass die Erde dem Wasser einen Quadratklafter abgewinne, das getraue ich mir nicht zu bestimmen, und dieses lässt sich auch, so wie manches andere geologische Phänomen, nur dann erst bestimmen, wenn man Jahrhunderte lang ein und dasselbe Ding nach einem fest stehenden Grundsatze beobachtet haben wird. ... Nur Resultate von Beobachtungen dürfen als Grundsätze für künftige Beobachtungen aufgestellt werden, die dann fernere Beobachtungen und Erfahrungen bestätigen oder widerlegen werden...". Schultes hat bereits damals vor zweihundert Jahren einen Forschungsansatz entworfen, wie er heute im Mittelpunkt der langfristigen, ökologischen Umweltbeobachtung der Nationalparkverwaltung Berchtesgaden gemeinsam mit anderen Schutzgebieten der Alpen steht.

Der Watzmann über dem nebelverhangenen Talkessel von Berchtesgaden. Die Schar links am Kleinen Watzmann wird als „Fenster" bezeichnet. Von der weiter links erkennbaren Kuppe, dem Mooslahne Kopf, fällt die Kante zum Königssee ab. Über dem langgezogenen Horizont des Steinernen Meeres ragt die Schönfeldspitze empor. Sie liegt in Österreich. Links zum Bildrand folgen die Funtensee-Tauern. Über sie läuft die Landesgrenze.

Durch das vom Kleinen Watzmann beschattete Kar führt ein von Lärchen umgebener Steig hinauf zur Falzalm mit Blick zum Kleinen Watzmann.

Blick vom Mooslahner-Gipfelkreuz zum Kleinen Watzmann.

Mit der vor knapp 70.000 Millionen Jahren einsetzenden Verschiebung der Kontinental wurden die Ablagerungen nach Norden verfrachtet und in die Höhe gestemmt. Erdgeschichtlich sind die Gesteine des Watzmann und der umliegenden Berge alt, ihr Dasein als Berg jedoch noch jung. Exakte Vermessungen deuten darauf hin, dass weder die Reise nach Norden noch das Wachstum abgeschlossen sind.

Vermessungsarbeiten waren schließlich auch der Antrieb, den höchsten Gipfel des Watzmann, die 2.713 m hohe Mittelspitze zu ersteigen. Der aus Slowenien stammende Geistliche Valentin Stanic hatte als wissenschaftlicher Mitarbeiter am Institut für Geodäsie der Universität Salzburg seinen Professor Ulrich Schiegg bei der Erstbesteigung des Großglockners am 28./29. Juli 1800 begleitet. Den neu eingemessenen Großglocknergipfel wollte er anschließend vom Watzmanngipfel aus anpeilen, was ihm nach eigener Aussage „bald danach" – vermutlich zwischen dem 10. und 18. August desselben Jahres, ein genaues Datum ist nicht überliefert – gelang. Stanic hat eine schauerliche Geschichte von seiner Kletterei beladen mit dem Messgerät vom Hocheck, dem Nordgipfel bis zur Mittelspitze hinterlassen. Der gleiche Steig auf dem Watzmanngrat über die Mittelspitze hinüber bis zur Südspitze und hinunter in das Wimbachtal ist heute seilgesichert und bei guter Kondition und gutem Wetter leichter zu bewältigen. Er wird viel begangen. Gefahrlos ist das Unternehmen immer noch nicht. Im August 1986 kamen bei einem Wettersturz vier Bergsteiger ums Leben. Nach wie vor

Die verschneite Ostflanke des Watzmann lässt die Wandstruktur der von Süden nach Norden einfallenden Kalkbänke gut erkennen. Vor 200 bis 250 Millionen Jahren wurden sie im Thetismeer in Schichten abgelagert. Für jede Kalkbank wird eine Zeit der Ablagerung von etwa 20.000 bis 30.000 Jahren geschätzt.

Vor gut drei Jahrzehnten gab es den Plan, auf den Watzmann eine Seilbahn zu bauen. Eine Alternative war in das Watzmannkar zu den Watzmann-Kindern vorgesehen. Der Nationalpark half, dieses Vorhaben abzuwehren. Der erste Bundespräsident der Bundesrepublik Deutschland, Theodor Heuss, sagte in seiner Festrede zur Eröffnung der Verkehrsaustellung 1963 in München: …

gilt die Schilderung von Stanic: „…wo links und rechts tausendfach verderbender Abgrund war…". Noch im September desselben Jahres gelang Stanic auch die Erstbesteigung des 2.522 m hohen Hohen Göll.

Im Jahr 1881 wurde die Watzmannostwand erstmals bezwungen. Der Ramsauer Bergführer Johann Grill, genannt der Kederbacher, führte den Wiener Otto Schück in einer 14-stündigen Kletterei durch die damals „Bartholomäwand" genannte höchste Felswand der Ostalpen. Bei dem vierten Versuch, den 1890 Johann Punz, Vulgo Preiß und Christian Schöllhorn unternahmen, stürzte Schöllhorn tödlich ab. Das Eisfeld, an dessen Randkluft dies passierte, führt seither die Bezeichnung „Schöllhornplatte". Im Jahr 1930 gelang einer Gruppe aus vier Bergsteigern in 49 Stunden die erste Winterbegehung der Ostwand. Die Anzahl der in der Watzmannostwand Abgestürzten nähert sich der Zahl 100.

Viele extreme Kletterrouten gibt es in den Berchtesgadener Alpen, nach wie vor auch neue. Wer selbst klettern will, wird sich gewissenhaft vorbereiten. Wer zuschauen will, der sollte bei gutem Wetter in den Vormittagstunden mit einem Fernglas ausgerüstet die Watzmannostwand, die West-

wand des Hohen Göll, die Wände der Ostabhänge der Reiteralm oder die Südwände des Untersberg absuchen. Manchmal sind die Zurufe der Kletterer von einem sicheren Beobachtungspunkt im Tal oder auf einem leicht begehbaren Bergweg zu hören.
Aus Berchtesgaden kamen und kommen noch immer Bergsteiger und Extremkletterer oder sie haben hier ihre Wahlheimat gefunden, deren Namen weltweit bekannt sind. Zu ihnen gehören Toni Kurz, dem in seiner Heimat Berchtesgaden erstmalige Durchstiege an mehreren anspruchvollen Wänden und Felskanten gelangen, bevor er 1936 in der Eiger Nordwand tragisch ums Leben kam, Hermann Buhl, der 1953 erstmals und dies im Alleingang den Nanga Parbat bestieg, der langjährige Präsident des Deutschen und Internationalen Bergführerverbandes Franz Rasp, der am Neujahrstag 1988 bei seiner 295. Begehung der Watzmannostwand tödlich abstürzte und in unserer Zeit die Gebrüder Alexander und Thomas Huber, genannt die „Huberbuam", denen immer wieder Durchstiege durch die schwierigsten Wände der Welt gelingen. Die Aufzählung könnte erheblich erweitert werden.

... „Vergesst ein Element des Verkehrs nicht ganz: die zwei Beine und die zwei Füße. Lasst auch ihnen ihre Aufgabe, denn sie sind auch heute noch dazu bestimmt, den Menschen dorthin zu bringen, wohin ihn der Verkehr nicht bringt und auch nicht bringen kann. Es muss nicht auf jeden Aussichtsberg eine Seilbahn errichtet werden, an die sich eine Bar anschließt. Zum Verkehr gehört auch, dass man das Schöne und Einsame erwandern kann."

SPORTREGION UND SPITZENSPORTLER

Auf seiner heimatlichen Kunsteisbahn am Königssee ist Georg Hackl zum überragenden Meisterrodler geworden. Bald beherrschte er auch die großen Bahnen in aller Welt. Drei olympische Goldmedaillen, eingerahmt von zwei Silbermedaillen, sind nur ein Teil seiner sportlichen Erfolge.

Sport als Körperertüchtigung verstanden war in Berchtesgaden eine Überlebensnotwendigkeit, seitdem Menschen in dieses Berggebiet kamen. Ohne trainierten Körper und ohne Inkaufnahme von Strapazen waren hier die Güter der Natur, die nur zum Teil in der Ebene zu finden sind, für den Lebensunterhalt nicht zu gewinnen. Was hatte wohl jener bronzezeitliche Hirte oder Jäger vor mehr als 3.000 Jahren an Anstrengungen erlebt, als er auf dem Gipfel des Jenner seinen Speer im Kampf mit einem wilden Tier verlor oder auch nur als Opfergabe niederlegte? Welchen körperlichen Einsatz erforderte über Jahrhunderte die Bewirtschaftung der Almen. Ihre Produkte wie Butter und Käse mussten in der Regel wöchentlich zu Fuß ins Tal gebracht werden. Auf dem Rückweg zur Alm mussten Güter des täglichen Bedarfs hinaufgetragen werden. Nicht weniger Körpereinsatz, Körperbeherrschung und Geschicklichkeit erforderten die Holzarbeit am Berg, der winterliche Holztransport mit dem Schlitten ins Tal und anschließend auf dem Wasserweg bis zu den Lagerplätzen der Salinen.

Die sportliche Leistung der Erstbesteigung der Watzmann-Mittelspitze mitsamt ihren Anstrengungen vor 200 Jahren durch Valentin Stanic können wir in seinem Bericht darüber nachlesen. Ein Auszug daraus lässt sie nachempfinden: „Schon der Anfang war böse; denn ich mußte über eine große steile Platte hinabglitschen, an deren Ende mich nur ein sehr kleiner Vorsprung vom Sturze in die unermeßliche Tiefe errettete. Dann mußte ich über ähnliche Platten wieder in die Höhe steigen, wo nur ein kleiner Fehltritt die vorige Folge gezogen hätte. Ich überstieg eine gefährliche Stelle, eine Kluft nach der anderen; dachte auf besser werden und es kam nur Schlimmes nach. Bald mußte ich mich auf einen schneidigen Rücken sitzend weiter bewegen, bald wie in Lüften schwebend an steilen Wänden dahinklettern." Das waren sportliche Leistungen, auch wenn es noch nicht organisierter Sport mit anschließender Siegerehrung und Preisverleihung war. Aber das Geschilderte lässt erahnen, dass der moderne Sport von heute in Berchtesgaden viel mit dem gebirgigen Gelände zu tun hat. Die Gründung der Sportvereine in Berchtesgaden ist eingebettet in die Sportgeschichte des europäischen Umfeldes. In Deutschland wurde sie seit Anfang des 19. Jahrhunderts geprägt vom „Turnvater" Jahn, wobei die Wehrhaftigkeit eine wichtige Rolle spielte. Aus England kam die Idee des sportlichen Wettkampfes mit dem Streben nach Höchstleistungen. In der zweiten Hälfte des 19. Jahrhunderts entstehen in Deutschland die ersten Sportvereine. Berchtesgaden ist schon früh mit dabei. 1883 ist das Gründungsjahr des Turn- und Sportvereins (TSV) Berchtesgaden. 1905 folgt der Ski-Club Berchtesgaden, 1913 der Rodel-Club Berchtesgaden, 1922 der Eislaufverein Berchtesgaden. Auch die Nachbargemeinden ziehen mit. Marktschellenberg gründet 1898 einen Turnverein. Heute sind in den Sportvereinen der fünf Gemeinden eine Vielzahl von Sportdisziplinen für Sommer- und Wintersport vertreten.

Was die Sportregion Berchtesgaden bekannt gemacht hat und ihren Ruf ungebrochen in alle Welt trägt, sind die Wintersportdisziplinen.

Der Umgang mit dem Schlitten spielte in Berchtesgaden seit Jahrhunderten beim Transport des Holzes auf den hierfür in die Hänge gebauten Schneebahnen eine wichtige Rolle. In Berchtesgaden war der von Menschenhand gezogene und gesteuerte Schlitten der Regelfall. Der Holzknecht hatte seinen Platz vorne zwischen den beiden Hörnern des Schlittens. In seinem Rücken wusste er eine Ladung Holz mit einem Gewicht von etwa einer Tonne. Da musste man das Schlittenfahren gut beherrschen, um sich und die Fracht heil ins Tal zu bringen. Bereits bei der Anlage der Ziehbahnen waren das richtige Gefälle und die verträglichen Kurvenradien zu bedenken. Manche Gedenktafeln an den Schlittenbahnen - „Marterl" genannt - erinnern noch heute daran, dass die Fahrt nicht immer gut ging. Der harte Beruf der Alten war den Kindern Vergnügen. Von höher gelegenen Häusern machte sogar der Schulweg mit dem Schlitten viel Spaß. Auch hohe Gäste fanden Freude am Rodeln. So berichtet der Berchtesgadener Anzeiger am 3. Februar 1886 über eine Bockschlittenfahrt, die der Großherzog von Toskana

bei Schellenberg unternahm. Alte Leute erzählen noch gerne und in freudiger Erinnerung von ihren Rodelfahrten die Vorderbrandstraße hinunter nach Berchtesgaden. Über sie schrieb der „Berchtesgadener Anzeiger" am 2. Februar 1899: „... so verdient aber doch als Glanzpunkt die Fahrbahn Vorderbrand-Berchtesgaden genannt zu werden. Nahezu vom Fuß des Jenner ausgehend, zieht die etwa 5 - 6 Kilometer lange Strecke durch Wald und Felder an Gehöften vorbei, längs der westlichen Flanke des Hohen Göll und des Kehlsteins zu Thal. Während man zum Aufstieg 1,5 Stunden nöthig hat, erfordert die Thalfahrt je nach Fähigkeit des Fahrers 6 - 10 Minuten". Und nochmals ist in der Lokalzeitung am 27. Januar 1903 zu lesen: „Seine Kgl. Hoheit Prinz-Regent Luitpold unternahm mit hohem Gefolge am letzten Samstag vormittags halb 10 Uhr eine Schlittenfahrt nach Vordereck um von da eine Rodelpartie zu Thal zu machen".
Diese und weitere Rodelbahnen, beispielsweise der Spornhofweg hinunter zur Gollenbachbrücke verschafften bereits den Kindern viel Erfahrung im Schlittenfahren. Manche der alten Rodelbahnen sind heute geräumte, meist schneefreie Erschließungsstraßen. Ihre Funktion als Rodelbahnen haben für den öffentlichen Verkehr gesperrte Wirtschaftswege und Forststraßen übernommen, wie beispielsweise die Rodelbahn am Obersalzberg, die Wege nach Kühroint, auf die Eckaualm oder auf den Toten Mann. Eine Sommerrodelbahn nahe der Bergstation der Salzbergseilbahn lässt das Rodelvergnügen sogar im Sommer nachempfinden. So ist es kein Wunder, dass in Berchtesgaden eine große Zahl an begeisterten Freizeitrodlern lebt, aus denen Spitzensportler und Spitzensportlerinnen hervorkommen.

Mit dem Bau der Rodelbahn am Königssee im Jahr 1959 und ihrem 1968 erfolgten Ausbau zur ersten Kunsteisbahn der Welt war für die Berchtesgadener Rodler eine bestmögliche heimische Trainingsmöglichkeit und gleichzeitig eine nationale und internationale Wettkampfbahn geschaffen. Auch Bobrennen - zunächst für Zweierbob, nach Umbau mit Einbau eines Kreisels 1976 auch für Viererbob geeignet - konnten auf dieser Bahn ausgetragen werden. Damit war Berchtesgadener Rodlern, Skeleton- und Bobfahrern die Bahn bereitet für nationale und internationale Erfolge.

Georg Hackl – in Berchtesgaden „Schorsch" genannt – immer noch aktiver Wettkämpfer, war bisher zusammen mit seinem Trainer Sepp Lenz der erfolgreichste Berchtesgadener Rodler. Drei olympische Goldmedaillen und drei Weltmeistertitel machen ihn neben vielen zweiten und dritten Plätzen

Vorhergehende Doppelseite: Jennergipfel

Winter bedeutet in Berchtesgaden auch Wintersport. Jenner, Roßfeld, Hochschwarzeck und Götschen sind Pisten, die im Alpinsport einen Namen haben.

Bei der Berg- oder Talfahrt einmal Halt zu machen oder an der Bergstation der Jennerbahn eine Pause einzulegen verschafft genussvolle Ausblicke auf den Jennergipfel, den Schneibstein oder Watzmann.

zum bisher erfolgreichsten Berchtesgadener Sportler überhaupt. Wer Schorsch Hackls Rodelsport nacherleben will, kann an Gästerennen auf seiner Bahn am Königssee teilnehmen. Neben dem Ausnahmeathlet Hackl sind noch einige Berchtesgadener Rodler und Bobfahrer zu nennen, die ihre erfolgreiche Sportkarriere in der Kunsteisbahn am Königssee begannen. In der Disziplin Rodel sind es Barbara Niedernhuber und die Olympiasieger von 2002 im Doppelsitzer Patrik Leitner und Alexander Resch sowie die Bobfahrer Rudi Lochner, Christoph Langen und Markus Zimmermann.

In gleicher Weise wie das Rodeln begann auch das Skifahren in Berchtesgaden nicht mit Wettkämpfen. Die Skier dienten zu Anfang dazu, den beliebten Sommersport, das Bergsteigen in den Winter hinein zu verlängern. Die ersten „Brettl" genannten Skier holte Georg Weiß aus Norwegen nach Berchtesgaden. Er, sein Bruder Josef und seine Freunde Otto Schultheiß und Fahrenbacher sind die Skipioniere Berchtesgadens. Als sie 1902 zur ersten Skitour in das Steinerne Meer aufbrachen, begleitete sie der Kommentar: „Die sehen wir nicht mehr". Sie wurden wiedergesehen und erstiegen bis 1904 mit ihren Skiern den Untersberg, das Kammerlinghorn, den Hohen Göll und das Hohe Brett.

Bald wurde auch in Berchtesgaden das Skifahren zum Wettkampfsport. Eine Frau, Friedl Däuber, holte die ersten Weltmeisterschafts-Medaillen 1931 und 1932 nach Berchtesgaden. Dann kam 1934 bis zu den Olympischen Winterspielen 1936 in Garmisch-Partenkirchen die Zeit des Franz Pfnür vom Skiclub Marktschellenberg. Insgesamt drei Gold- und drei Silbermedaillen gewann er, davon zweimal Gold und einmal Silber in Garmisch-Partenkirchen. Aus seiner Karriere als Skirennläufer behielt er den Spitznamen „Bidui". Hochdeutsch bedeutet dies: Bin durch(gekommen)! Diesen freudigen Ausruf soll er einmal nach erfolgreichem Durchfahren der Ziellinie laut hörbar für die Zuschauer von sich gegeben haben. Friedel Däuber und Franz Pfnür haben Nachfolger gefunden. Wolfgang Bartels, Christa Zechmeister, Burgl Färbinger und noch aktiv die in Lenggries geborene Wahl-Berchtesgadnerin Hilde Gerg sind eine Auswahl davon. In der Nordischen Kombination mehrmaliger Sieger war Hermann Weinbuch. Heidi Renoth machte sich als meisterliche Snowboardfahrerin einen Namen.

Nationale und internationale Skiwettkampfstätten in Berchtesgaden gibt es am Jenner und Götschen. Der Ausbau am Götschen ermöglicht seit kurzem auch internationale Snowboardwettkämpfe. Der

Schwerpunkt des Skispringens verlagerte sich seit Umbau der bisherigen Schneeschanzen am Kälberstein 1979/80 zu einer Mattenschanze zum Sommerskispringen.
Skifahren ist in Berchtesgaden beliebter Breitensport geblieben. Wie zu den Pionierzeiten des Skilaufs sind nach wie vor die Skitouren hoch im Kurs. Kleine und Große Reib´n im Hagengebirge und Steinernem Meer, Watzmann-Hocheck, Hochalm am Hochkalter, Hundstodreib`n, Hochkaltertäler, Vorderberghörndl und Hocheis sind beliebte Touren. Präparierte Skipisten stehen am Jenner, am Rossfeld, am Hochschwarzeck und am Götschen zur Verfügung. Langlaufloipen werden gespurt am Aschauer Weiher, am Riedherrenlehen und am Loipl in Bischofswiesen; am Hochschwarzeck und am Taubensee in der Ramsau, in Schönau, in der Scharitzkehl-Alm, in Oberau und in Scheffau.
Die winterlichen Eisdecken am Aschauer Weiher, am Böcklweiher, am Hintersee und an dem nicht jedes Jahr begehbar zugefrorenen Königssee reizten schon in der Pionierphase der Sportentwicklung dazu, dem Eissport zu frönen. Ein 1886 ins Leben gerufener Eisclub war zunächst nicht von langem Bestand. Die Neugründung von 1922 als Eislaufverein Berchtesgaden hatte mehr Erfolg. Für Kunsteislauf, Eishockey und Eisstockschießen steht seit 1946 der Eislaufplatz an der Schießstätte zur Verfügung. 1997 bekam er eine Überdachung. Die Natureisflächen von Seen und Weihern sind nach wie vor beliebte Treffpunkte für Eisstockschützen und Schlittschuhläufer.
Berge und ihre Thermik bieten dem Flugsport mit Gleitschirmen und Starrflüglern eindrucksvolle Möglichkeiten. Nahe der Jenner-Bergstation ist eine Startrampe leicht erreichbar. In Zusammenarbeit mit dem deutschen Hängegleiterverband hat die Nationalparkverwaltung im Rahmen eines von der Allianz Umweltstiftung finanzierten Adler-Forschungsprojektes Vorschläge für wildtiergerechte Flugrouten ausgearbeitet. Wie bei allen Sportbetätigungen in der Natur geht es auch bei den sogenannten neuen „Trendsportarten" meist nicht um generelle Verbote, sondern darum, die Ausübung des Sports auf nicht oder wenig problematische Areale zu konzentrieren und den Wildtieren ungestörte Rückzugsgebiete zu überlassen.
Einige spezielle Sportinstitutionen engagieren sich in Berchtesgaden für den sportlichen Nachwuchs, unterstützen und fördern aktive Spitzensportler und betreuen örtliche Sportstätten.
Zu nennen sind die CJD Christophorus-Schulen Berchtesgaden mit den Schulformen Gymnasium, Realschule und Hauptschule und ihren Sportleistungsgruppen. Die Berchtesgadener Einrichtungen sind Teil des Christlichen Jugenddorfwerk Deutschlands (CJD). Das Gymnasium am Fuß des Hohen Göll ist auch unter dem von Journalisten gerne verwendeten Namen „Skigymnasium" bekannt.

Vielseitig gestaltet sich der Wintersport in Berchtesgaden.

Der Hohe Göll. Berge haben viele Gesichter. Jahreszeiten, Tageszeiten und Wetter schaffen Variationen. Die von der Morgensonne rot gefärbte Nordflanke lässt rechts die Kante erkennen, die vom Eckersattel hinauf zum nördlichen Göllgrat eine Aufstiegsvariante bietet. Auf dieser Kante liegt kurz oberhalb des Sattels das Purtscheller-Haus. Eine andere Wegvariante geht über den etwas ausgesetzten Mandelgrat, dessen Felsköpfe gerade noch von der Sonne beleuchtet werden, ebenfalls zum Nordgrat.

Die Sportförderung bezieht ebenso Realschule und Hauptschule mit ein. Sie erfolgt mit Schwerpunkt in den Disziplinen Ski, Rodeln und Bob in Zusammenarbeit mit den Verbandstrainern. Entsprechend dem Alter der Schüler sind die Altersgruppen Jugendliche und Junioren die Zielgruppen.

Aktive Spitzensportler werden von der Sportfördergruppe der Deutschen Bundeswehr in der Jägerkaserne in der Strub, Gemeinde Bischofswiesen betreut.

Der von öffentlichen Mitteln aus Bund und Land Bayern getragene Olympiastützpunkt Bayern mit Sitz in München unterhält in Berchtesgaden im Funktionshaus am Kälberstein das Regionalzentrum Chiemgau-Berchtesgaden. Vom Regionalzentrum werden in Berchtesgaden als Trainingszentren die Skipisten am Götschen mit Half-Pipe für Frauen alpin und Snowboard, die Kunsteisbahn am Königssee für Rodel, Bob und Skeleton und die Sprungschanzen am Kälberstein für Spezialsprunglauf und Nordische Kombination betreut. Der Olympiastützpunkt mit seinen Regionalzentren ist darüber hinaus eine Serviceeinrichtung für die Bundeskader der Gruppen A, B und C. Die Betreuung der Sportler umfasst die Sportmedizin, die Leistungsdiagnostik, die Trainingswissenschaften, die Physiotherapie und die berufliche Laufbahnberatung.

URLAUB, ERHOLUNG UND GESUNDHEIT

Vorherige Doppelseite: Teufelshörner

Von der Endstation der Kehlstein-Omnibuslinie kann man die letzten rund 130 Höhenmeter zu Fuß auf einem Steig in Serpentinen zum Kehlsteinhaus hinaufsteigen oder im glitzernd verkleideten Lift hinauffahren. Bei schönem Wetter sollte man die Strecke einmal zu Fuß – hinauf oder hinab – zurücklegen.

Das Kehlsteinhaus war Bormanns Präsent zu Hitlers 50. Geburtstag. Heute ist es beliebtes Ausflugsziel, das bequem mit Bus und Lift für jedermann erreichbar ist. Unterhalb des Hauses bietet am Obersalzberg eine Dokumentationsstelle ungeschminkte Auskunft über das, was damals in Berchtesgaden und anderswo geschah.

Die Göll-Westwand von der Scharitzkehl-Alm aus gesehen.

Die Berchtesgadener Landschaft begeistert alle. Viele haben die Eindrücke ihres Besuchs nachlesbar hinterlassen. Leider lässt sich die Einschätzung Alexander von Humboldts, Berchtesgaden gehöre zu den schönsten Landschaften der Erde, schriftlich nicht auffinden. Sie wird aber so hartnäckig überliefert, dass er sie wohl geäußert haben muss. Es wäre aber auch ohne Humboldts Aussage so.

Gerne wird nach den Sensationen dieser Berchtesgadener Landschaft gefragt. Es gibt sie. Aber es sind nicht die Einzelheiten, die man von der Schneerose bis zum Edelweiß, vom Steinadler bis zum Steinbock oder von den wasserdurchtosten Schluchten bis zu den steilen und hohen Felswänden aufzählen könnte. Es ist die Vielfalt sowohl des Reliefs wie auch der Pflanzen und Tiere, zusätzlich das Zusammenspiel von wilder Natur und menschengeschaffener Kultur, die den Reiz Berchtesgadens ausmacht. Es sind die gewaltigen Höhenunterschiede auf kleinem Raum mit ihren unterschiedlichen Hangneigungen und Hangrichtungen, die vielfältige Lebensräume zur Folge haben. Was hier auf engem Raum vom Tal bis zum Watzmanngipfel zusammengedrängt übereinander liegt, ist sonst auf der Erdoberfläche von den Alpen bis über den

Wo der Gleitschirmflieger elegant darüber hinweggleitet, muss das Steinwild – ob erwachsen oder noch jung – auch den Winter überleben können. Es sucht eher die steilen Hänge und Grate auf, wo der Schnee abrutscht oder vom Wind verweht wird. Die tief verschneiten Almen sind nicht sein Wintereinstand. Der Wintersportler sollte berücksichtigen, dass Flucht dem Wildtier viel Energie kostet.

Vorhergehende Doppelseite: Watzmannhaus

Die Wald- und Baumgrenze ›ildet keine eindeutige, gerade Linie. Am Schneibstein und in seinem Umfeld ist dies deutlich zu beobachten. In diesen klimatischen Extremlagen entscheiden kleine Standortsunterschiede darüber, ob ein Baum noch gedeihen kann oder nicht. Weide und Holznutzung wirken zusätzlich ein. Buschförmige Holzgewächse wie .atsche und Grünerle nutzen die reduzierte oder fehlende Konkurrenzkraft hochwachsender Bäume.

nördlichen Polarkreis hinaus ausgebreitet. Im Tal gedeihen noch die Eichenmischwälder, wie sie im Weinbauklima um Würzburg zu finden sind. Nadelbäume bilden wie im Norden so auch in Berchtesgaden die klimatische Waldgrenze. Höher hinauf fristen anspruchslose Krummgehölze, Gräser, Zwergsträucher, Moose, Flechten und Algen ein karges Dasein bis in die Gipfellagen.

Die hier grob skizzierten Vegetationszonen sind das Ergebnis von übereinander gelagerten Klimazonen mit ihren nach oben abnehmenden Temperaturen, was gleichbedeutend ist mit der Verkürzung der Vegetationszeit – Anzahl der Tage mit einer Durchschnittstemperatur von 10° Celsius oder mehr. Umfasst sie im Tal noch 130 bis 160 Tage, geht sie an der Waldgrenze auf nur mehr 90 bis 60 Tage zurück. Auf den Gipfeln der Berge kann in jedem Monat Schnee fallen. Aufbau und Abbau der Schneedecke spiegeln die Klimastufen augenfällig wider. Der Bergsteiger erlebt die Abnahme der Temperatur auf seinem Weg zum Gipfel und ebenso die Erwärmung bei seiner Rückkehr ins Tal. Es gibt aber gar nicht so wenige Tage, an denen man im kalten, nebelbedeckten Tal startet und die Nebeldecke zurücklassend in eine erwärmte Hangzone mit blauem Himmel über sich eintritt. In solchen Situationen ist der Temperaturverlauf am Hang umgedreht, was der Fachmann als Inversion bezeichnet. Eine Bergtour wird dann zu einem besonderen Erlebnis. Sie kann auch noch im Spätherbst mög-

Kahlgebirge ist eine etwas oberflächliche Beschreibung der höchsten Berglagen. Wer sich auf dem Weg zum Hohen Göll über den Mandelgrat an den Felszacken festhält, wird dort die genügsamen Flechten sehen.

lich sein. In der klimabegünstigten Hanglage von etwa 1.200 m liegen die Gebäude der CJD Christophorusschulen Berchtesgaden, an denen asthmatische Kinder und Jugendliche eine gesundheitlich weniger belastete Schulzeit verbringen. Das Klima Berchtesgadens und seine kurzfristige Ausprägung als Witterung und Wetter beobachtet ein engmaschiges meteorologisches Messnetz der Nationalparkverwaltung in Zusammenarbeit mit dem Wetteramt München. Neben der wissenschaftlichen Auswertung stehen die gewonnenen Daten auch zur Bewertung der heilklimatischen Kurorte Berchtesgadens zur Verfügung.

Salz, genauer gesagt Kochsalz oder Natriumchlorid mit der chemischen Formel NaCl ist ein äußerst vielfältig einsetzbares Naturprodukt. Altägyptische Aufzeichnungen besagen, dass heilendes Salz eine vieltausendjährige Tradition hat. Seither gibt es wenige Krankheiten, bei denen es nicht eingesetzt wurde – äußerlich und innerlich. Im modernen Wellnesstrend spielt Salz vor allem als Solebad wie auch als Soleinhalation eine wichtige Rolle.

In Berchtesgaden wurde Sole als sogenannte „Mutterlauge" lange Zeit an Hausbesitzer zur Brandbekämpfung abgegeben. Wegen seines gegenüber normalem Wasser tieferen Gefrierpunktes lagerte man es in Bottichen im Dachboden und hatte so im Brandfall auch im Winter Löschwasser zur Hand.

Glaubt man alten Dokumenten, so war die Verwendung dieses salzhaltigen Löschwassers für Badezwecke in der häuslichen Wanne nicht ganz im Sinne der gedachten Soleabgabe an die Bevölkerung. Aber es geschah wie manches andere, was die Leute aus eigener Einsicht für gut hielten. Der Allgemeinheit zugängliche öffentliche Bäder gab es auch – seit wann ist unbekannt. Den Namen Badhaus tragen gelegentlich heute noch Gebäude, deren Nutzung inzwischen eine völlig andere ist. Ein solches Badhaus mit der Funktion einer öffentlichen Badeanstalt wird erstmals 1837 erwähnt. Nach Abbruch im Jahr 1890 wurde dort das Schlachthaus errichtet. Weitere Badhäuser entstanden im Nonntal und beim Salzbergwerk. Sie sind alle verschwunden. Es verwundert, dass diesem heimischen und natürlichen Heilmittelangebot in der Zeit des beginnenden und dann kräftig wachsenden Tourismus nicht mehr Aufmerksamkeit gewidmet wurde.

Die Erholung zu Fuß, im weitesten Sinn als Erholung mit Fortbewegung aus eigener Körperkraft verstanden und dies in einer weitgehend intakten, bisweilen sogar wilden Natur ist das Erholungsangebot Berchtesgadens schlechthin.

In der Nationalpark-Informationsstelle an der Wimbachbrücke sind hierzu ein paar Gedanken des Filmemachers Bernhard Sinkel nachzulesen. Nach drei Jahren Dreharbeiten in Tibet zu dem Fernsehfilm „Das Verborgene Tal" fand er diese Schlussworte:

„Gehen hat heilige Aspekte.
Gelassenheit tritt zu Tage.
Geduld macht sich breit.
Gehen ist zu sich selber finden.
Gehen ist zu erkennen, was wirklich wichtig ist.
Gehen lässt falschen Ehrgeiz zurück,
aber auch Enttäuschungen und Kränkungen.
Gehen ist eine poetische Handlung,
die die Welt von ihren Übeln heilen kann."

Diese Worte am Eingang zum Wimbachtal kann man sich während der anschließenden Wanderung durch den Kopf gehen lassen. Man wird das eine oder andere, vielleicht auch alles bestätigt finden. Konkret sind in die Erholung mit eigenen Körperkräften eingeschlossen: Wandern, Bergsteigen, Klettern, Radfahren und Skifahren auf präparierten Pisten wie auf tradierten Skitouren-Routen. Nimmt man noch jene Naturkräfte hinzu, die die eigenen Körperkräfte unterstützen, dann darf man Reiten und Gleitschirmfliegen hinzuzählen. Für Abgehärtete kommt in Berchtesgaden auch Schwimmen in Frage. Es gibt schöne Freibäder, zum Teil beheizt wie das Bad am Aschauer Weiher. Jüngst hat die Gemeinde Bischofswiesen beschlossen, die Anlagen am Aschauer Weiher zu einem Naturbad auszubauen. Schön sind alle Bäder, auch der Königssee. Dort ist die Badesaison meist kurz. In manchen Jahren fällt sie ganz aus. Selbst in Wärmeperioden bekommt man kalte Füße, sobald man sie etwas tiefer ins Wasser hängen lässt. Denn gut fünfhundert Millionen Kubikmeter Seewasser benötigen schon erhebliche Energiezufuhr, bis sie auch nur oberflächlich badefreundliche Temperaturen erreichen. Dem Wanderer und Bergsteiger stehen grob ge-

Gräser und einige anspruchslose Blütenpflanzen gehen hoch hinauf. Sie sind am Gipfel des Hirschwieskopfes zu finden, von dem der Blick hinüber geht zu den Teufelshörnern. Auch dort gedeiht noch eine vergleichbare Vegetation, die in ihrer Gemengelage mit Gestein den bezeichnenden Namen „Felsspaltengesellschaft" führt. Sie ist wichtige Nahrungsquelle für das dort lebende Steinwild.

Wo Vegetation gedeiht, leben auch Insekten. Und diese dienen wiederum den Bergmolchen und Alpensalamandern am Seeleinsee als Nahrung.

schätzt 400 bis 500 Kilometer markierte Wege und Steige zur Verfügung. Davon sind etwa 240 Kilometer im Nationalpark. Vom bequemen Talwanderweg bis zur seilgesicherten Watzmannüberschreitung reicht das Angebot. Das Markierungssystem ist mit Salzburg abgestimmt und in eine Mehrzahl geeigneter Karten und Wanderführer übernommen. Im Gelände findet man für mehrtägige Unternehmungen auf deutscher und österreichischer Seite Hütten und Unterkunftshäuser alpiner Vereine und privater Pächter. Der ebenfalls grenzüberschreitend organisierte Verein der Berchtesgadener und Salzburger Hüttenwirte und der Verein der Berchtesgadener Bergführer helfen gerne bei der Vorbereitung der Touren. Auch Almen sind beliebte Rast- und Zielorte. Während der Almzeit erhält man auf der Mehrzahl der Hütten Verköstigung aus eigener Produktion.

Die Ausgangspunkte für Wanderungen sind mit öffentlichen Verkehrsmitteln gut erreichbar. Im Klausbachtal südlich des Hintersees verkehrt vorbei an der Bindalm über den Hirschbichlpass bis nach Weißbach in das österreichische Saalachtal und von dort nach Saalfelden und Maria Alm von Mai bis Oktober eine öffentliche Omnibuslinie. Als Zubringer für Wanderungen um den Königssee und im Jennergebiet stehen die Königssee-Schifffahrt und die Jenner-Seilbahn zur Verfügung.

Wie nähert man sich als Wanderer und Bergsteiger der Berchtesgadener Landschaft, um sie schließlich zu erobern? Es wird nicht mit einigen Tagen, auch nicht mit einem einzigen Urlaub zu schaffen sein. Berchtesgaden ist das Urlaubs- und Erlebnisgebiet der „Wiederholungstäter". Jeder Weg bietet seine unterschiedlichen Erfahrungen und Erlebnisse nach Jahres- und Tageszeiten, nach Wetter, nach Zustand der Pflanzen und nach Verhalten der Wildtiere.

Dem Neuling sei empfohlen, einen oder mehrere der bequemen Höhenwege mit ihren grandiosen Ausblicken auf die Berchtesgadener Bergwelt und Täler ins Startprogramm aufzunehmen. Der Soleleitungsweg in der Ramsau, der Gerer Höhenweg in Maria Gern oder Spazierwege auf dem Hochplateau von Ettenberg in Marktschellenberg sind Vorschläge hierzu. Wer lieber im Tal bleibt, wandert den Maximilians Reitweg in Bischofswiesen oder den König Max Weg mit oder ohne Umrundung des Hintersees in der Ramsau. Auf königlichen Spuren bewegt man sich in Berchtesgaden des Öfteren.

Etwas Aufwand für den Aufstieg erfordern bereits die niedrigeren Aussichtsberge wie die Kneifelspitze, der Tote Mann mit dem benachbarten Hirscheck sowie der Grünstein. Ihre Gipfel liegen zwischen 1200 und 1400 m.

Das Steinwild hat sich seit den 30er Jahren von den Teufelshörnern über den benachbarten Jägerbrunntrog in das nördliche Hagengebirge bis zum Schneibstein ausgebreitet.

Nicht versäumen sollte man, die Berchtesgadener Berge aus dem Blickwinkel der tief eingeschnittenen Täler zu erleben. Im Tal des Königssees und des südlich liegenden Obersees ist dies mit Unterstützung der Königssee-Schifffahrt, im Klausbachtal südlich des Hintersees im Sommer mit Hilfe der Omnibuslinie leicht zu bewältigen. Das Wimbachtal zwischen Watzmann und Hochkalter mit der Wimbachklamm am Anfang des Weges ist ausschließlich dem Fußgänger vorbehalten. Es anders als zu Fuß zu erwandern wäre schade. Viele Eindrücke würden verloren gehen. Wer es bis zur Wimbachgrieshütte am oberen Talende geschafft hat, kann schon einmal einschätzen, was er sich noch alles zutrauen darf.

Zwei weitere Teststrecken empfehlen sich allein wegen der herrlichen Tiefblicke auf den Königssee. Auf der Westseite des Sees führt ein weniger steiler, dafür längerer Weg von der Wimbachbrücke, alternativ von Hammerstiel über die Kührointalm zur Archenkanzel in knapp 1.400 m Höhe und etwa 800 m über dem See. Auf einem etwas steileren Anstieg von der Rodelbahn in Königssee über Klingeralm, Herrenroint und Kühroint erreicht man das gleiche Ziel. Eine voll ausgefüllte Tagestour, aber auch mit Übernachtungsmöglichkeit auf der

Gotzenalm beansprucht der Aussichtspunkt Feuerpalfen in etwa 1.700 m Höhe auf der Ostseite des Sees. Wer diese schon als richtige Bergtour einzustufende Unternehmung bewältigt, hat gut 1.000 Höhenmeter rauf und runter hinter sich gebracht. Die schönste Variante dieser Tour beginnt mit einer kurzen Schifffahrt zur Anlegestelle Kessel. Von dort geht es über die Gotzentalalm zur Gotzenalm. Zurück führt ein Steig über die Regenalm mit dem anschließenden Abstieg über den nur für Geübte empfohlenen Kaunersteig bis zur Schiffsanlegestelle in Salet am Südufer des Königssees. Einen unvergleichlichen Überblick über Berchtesgaden und seine Berge bietet der Berchtesgadener Hochthron auf dem Untersberg, das Gegenstück zum Salzburger Hochthron. Der Gipfel erreicht eine Höhe von 1.972 m. Das Störhaus kurz unterhalb bietet Rast, Verpflegung und Unterkunft.

Die verschiedenen Formen der Fichtenkronen sind sogar in einem Reim fest gehalten: „Jede Fichte hat ein ander Gesichte". Wo viel Schnee zu erwarten ist, sind sie schmal. Wo das nicht der Fall ist, gehen sie mehr in die Breite.

Am Roßfeld beginnt oder endet die Deutsche Alpenstraße. Im Rang einer Bundesstrasse wird sie im Winter geräumt. Der Zugang zum dortigen Skigebiet wie auch das Wintererlebnis am Berg und nahe den verschneiten Almhütten ist so leicht möglich.

Höhen zwischen 1.700 m und 1.900 m erreicht man mit der Seilbahn am Predigtstuhl im Lattengebirge von der Talstation in Bad Reichenhall, auf dem Salzburger Hochthron am Untersberg von St. Leonhard und auf dem Jenner von Schönau am Königssee, auf dem Kehlsteinhaus über dem Obersalzberg mit Omnibus und die letzten hundert Meter mit einem in den Berg gebauten glitzernden Edellift. Das von Martin Bormann initiierte Haus auf dem 1.734 m hohen Gipfel des Kehlsteins wurde in den Jahren 1937/38 gebaut und Adolf Hitler zu seinem 50. Geburtstag 1939 übergeben. Einer seiner vielen Namen war Hitlers Teehaus. Die Amerikaner erfanden die Bezeichnung „Eagels Nest", zu Deutsch Adler-Horst. Für einen echten Steinadler grenzt dieser Vergleich an eine Beleidigung. Dort würde er nie seinen Horst bauen.

Drei Rundwege mit begrenzten Maximalhöhen seien noch angeführt. Die Umrundung des Watzmann beginnt mit dem Weg durch das Wimbachtal vorbei am Wimbachschloss und der Wimbachgrieshütte, die auch Übernachtung bietet, hinauf zum Trischübel, dem Sattel hinter dem Watzmann auf etwa 1.750 m. Hier ist der Übergang in das Tal des Königssees. Der Steig geht nun hinunter über die verfallene Sigeretalm und die etwas ausgesetzte Sigeretplatte zum Schrainbach, wo man auf den nach St. Bartholomä führenden Funtenseeweg trifft.

Der Rundweg von der Wimbachbrücke über die Eckaualm und Hochalm am Hochkalter begnügt sich am Hochalmsattel mit einem höchsten Punkt von gut 1.600 m. Von dort geht es steil hinunter zum Wimbachschloss. Von Einheimischen werden solche Steige treffend als „Knieschnackler" bezeichnet, das heißt, der Abstieg geht gewaltig auf die Knie.

Der dritte Rundweg ist ohne Hüttenübernachtungen nicht zu schaffen. Sein Anstieg zur Gotzenalm ist bereits vorgestellt. Man kann ihn alternativ zum Start an der Anlegestelle Kessel auch im Dorf Königssee oder vom Parkplatz Hinterbrand oder an der Mittelstation der Jenner-Seilbahn beginnen. Von der Gotzenalm führt der Weg durch das Landtal auf ei-

Die im Sommer durch Weidevieh und das Geläut der Kuhglocken belebten Almen werden im Winter zu Orten der Ruhe. Der Kontrast ist eindrucksvoll.

Die Hochalmscharte im Hochkaltergebiet ist ein grandioser Rastplatz mit Blick ins Wimbachtal, zum großen Hundstod und – verdeckt durch den linken Felsvorsprung – zum Watzmann, dessen Ausläufer gerade noch zu sehen ist.

nem Hangweg mit mehrmaligem Auf und Ab zur längst aufgelassenen Wasseralm. Das ehemalige Almgebäude dient heute als Selbstversorgerhütte mit Möglichkeit zur Übernachtung, jedoch nicht für mehrtägige Aufenthalte. Von der Wasseralm gelangt man auf dem Steig unterhalb der Funtenseetauern zu dem grandiosen Rastplatz und Aussichtspunkt am Halsköpfl, von dort vorbei an Schwarzensee und Grünsee zum Kärlinger-Haus am Funtensee. In Gedanken kann man von hier den Batholomä-Wallfahrern über die Saugasse hinunter nach St. Bartholomä folgen. Eine anspruchsvollere Fortsetzung des Rundweges mit Höhen von über 2.000 m folgt dem Steig zum Ingolstädter Haus in 2.119 m unterhalb des Großen Hundstod und von dort wieder in zwei Varianten entweder über das Hundstodgatterl in 2.188 m oder über die Hochwies und den Loferer Seilergraben in das Wimbachtal.

Am Rande erwähnt: Es gibt auch Rundtouren für Radfahrer. Reiteralm, Lattengebirge und Untersberg verlocken dazu, diese Gebirgsstöcke mit dem Fahrrad zu umrunden.

Wer die vorgeschlagenen Touren auch nur teilweise bewältigt, kennt die Topographie der Berchtesgadener Berge in etwa und weiß, dass die Wege,

die auf der Karte so schön eben aussehen, vom Tal bis zu den Gipfeln in bis zu 2.713 m gewaltige Höhenunterschiede aufweisen und trotz Seilsicherungen vielfältige Gefahren in sich bergen. Die Bergsteigerkapelle auf der Kührointalm kündet von über tausend Bergsteigern, die nicht mehr lebend zurückgekehrt sind. Gute Vorbereitung, brauchbare Ausrüstung, Beachten der Ratschläge der Erfahrenen, im Zweifelsfall sich einem Bergführer anvertrauen sind gut gemeinte Empfehlungen für alle Unternehmungen und vor allem, wenn die Ziele auf Normal- oder auf Umwegen Hoher Göll, Watzmann oder Hochkalter sind.

So schön es auch immer sein mag, im Tal und auf den Bergen zu Fuß unterwegs zu sein, Einheimische wie Gäste schätzen zwischendrin das Ausruhen, den Museumsbesuch, den gemächlichen Einkaufsbummel, die gepflegte Gastlichkeit von Wirtshäusern, Cafés und Restaurants, den Besuch in Frei- oder Hallenbädern und nicht zuletzt die gezielten Angebote für Gesundheit und Heilung.
Nicht selten wird das Reizvolle nach dem Motto „klein aber fein" entdeckt. In einem in Berchtesgaden durchgeführten Forschungsprojekt der UNESCO zu dem Thema „Der Mensch und die Biosphäre" nannten viele Urlauber, die nach ihrem

Das Kärlinger-Haus bietet Quartier. In seiner Nachbarschaft steht ein aus Denkmalgründen erhaltenes Almgebäude. Die Almwirtschaft selbst hat sich aus dem Gebiet in den 60er Jahren des letzten Jahrhunderts zurückgezogen.

Nachfolgende Doppelseite: Jägerhütte vor den Funtenseetauern.

Das Wimbachtal ist das mittlere Nationalparktal zwischen Watzmann im Osten und Hochkalter im Westen. Der U-förmige Querschnitt ist ein untrügliches Zeichen dafür, dass das Tal vom Gletscher ausgehobelt wurde.

Echolotungen lassen vermuten, dass die unterste Lage des Schuttkörpers noch eine eiszeitliche Grundmoräne ist. Darüber folgt eine wasserstauende Schicht, über der ein nacheiszeitlicher Schuttkörper aus Dolomitgestein liegt. Er ist ein gewaltiger Wasserspeicherraum, der die Quellfassung der Marktgemeinde Berchtesgaden speist. Erst an der Staumauer nahe der Quellfassung tritt das Wasser an die Oberfläche.

Lieblingsplatz in ihrem Quartier befragt wurden, die Bank vor dem Haus. Dort lässt es sich in Ruhe sitzen und mit Nachbarn plaudern.
Gasthäuser mit herrlichen Aussichtsterrassen und Gärten laden zum Verweilen ein. Eine kleine Auswahl: In Hintersee kann man in der ehemaligen Künstlerherberge seine Gedanken darüber schweifen lassen, wie wohl die Feste anno dazumal von den Malern gefeiert wurden. Der Wirt könnte Auskunft geben oder lässt einen Blick in die Chronik werfen.

Im Markt Berchtesgaden hat ein wegen seiner selbstgemachten Torten bekanntes Café aus Anlass der 900-Jahrfeier Berchtesgadens eine „Fürstpropst-Torte" kreiert. Die Torte animiert dazu, über die barocken Feste der Fürstpröpste nachzusinnen. Nicht weit davon entfernt tafelt man in einem Restaurant unter dem Bild einer hübschen jungen Münchnerin aus der „Schönheitsgalerie" des Bayernkönigs Ludwig I. Der Wirt erzählt stolz über diese seine Ahnin. In Bischofswiesen genießt man in einem Biologischen Kurheim auch vielgängige Menüs mit gutem Gewissen. Es gäbe noch so manchen Tipp. Der eigene Gastgeber verrät sicher auch welche an seine Hausgäste. Selbst mitbringen sollte man Freude am „Rosinen herauspicken".

Nach einer längeren Pause ist in Berchtesgaden die Sole wieder im Kommen.

Im Salzbergwerk Berchtesgaden wurde nach fast 10-jährigen, gemeinsam mit der Universität München durchgeführten Voruntersuchungen im Jahr 1990 ein Heilstollen eröffnet. Er eignet sich zur Behandlung von Erkrankungen der Atemwege einschließlich Empfindlichkeiten gegenüber Pollenallergie. Vom einmaligen Schnupper-Aufenthalt für 2 Stunden bis zu 3-wöchigen Therapie-Aufenthalten mit in der Regel wöchentlich 6 x 2 Stun-

Oben: Das Wimbachtal war bereits zur Zeit der Stiftspröpste ein beliebtes Jagdgebiet. Der letzte Stiftspropst Josef Konrad von Schroffenberg ließ 1784 ein Jagdhaus errichten. Die bayerischen Könige setzten die Jagdtradition fort. Das Jagdhaus erhielt den Namen „Wimbachschloss". Es ist heute ein beliebtes Wanderziel, wo man seinen Durst und Hunger stillen kann.

Gewaltige Lawinen donnern im Winter von den Hängen ins Tal und lassen nur eine niedrige Buschvegetation aus biegsamen Latschen aufkommen.

den Liegekuren reichen die Angebote. Jederzeit zugänglich sind die Gradierwerke in den Gemeinden Ramsau und Schönau am Königssee. Die neu errichtete Watzmanntherme im Markt Berchtesgaden vereint ein Solebecken, ein Sportbecken und ein großzügiges Erlebnisschwimmbecken unter einem Dach. Freischwimmbecken und Saunen ergänzen das Angebot. Buchen kann man dort ein „Berchtesgadener Gesundheitspaket" mit Massagen, kosmetischen Behandlungen, Solebewegungsbad und Entspannungsübungen.
Von Berchtesgadener Kurärzten betreut wird als ambulante Badekur mit freier Quartierwahl eine Kompaktkur unter der Bezeichnung „Cardiovasculäre Vorsorge". Es ist eine Vorsorgekur gegen Herz-Kreislaufbeschwerden und umfasst Bewegungs- und Entspannungstherapie, Gesundheitsbildung und Schulung, Patientenberatung und Vorträge sowie physikalische Therapiemaßnahmen.
In besonderer Weise hat sich Marktschellenberg der Gesundheit seiner Bürger und Gäste verschrieben. Im Frühjahr 2002 konnten 20 Jahre Marktschellenberger Gesundheitswochen begangen werden. Bürgermeister und eine engagierte Ärztin hatten vor zwei Jahrzehnten die Initiative ergriffen. Kernanliegen der Gesundheitswochen ist eine Entschlackungskur. Inbegriffen sind Übungen von Wirbelsäulengymnastik über Atemübungen bis Yoga, Terraintraining, Lehrküche und Vorträge. Fast noch ein Geheimtipp aus Marktschellenberg sind die Heubäder am Pfeffererlehen.
Berchtesgaden beherbergt zwei Reha-Kliniken. Auf dem Hochplateau Loipl in der Gemeinde Bischofswiesen steht die „Fachklinik Loipl" mit den Indikationen Bewegungsorgane und Neurologische Erkrankungen. Inmitten der weiten Ebene von Schönau am Königssee liegt das „Klinikum Berchtesgadener Land". Seine Indikationen sind Bewegungsorgane, Stoffwechselbeschwerden und Atemwegserkrankungen.

Die von der Halsalm aus aufgenommenen Westflanke des Hochkalterstocks deutet an, dass er sich weiter nach Süden erstreckt.

Der Hochkalterstock mit seinem besonnten Hauptgipfel erhebt sich westlich des Wimbachtales und fällt nach Westen in das Klausbachtal ab. Die rechts im Bild sichtbare besonnte Felskuppe gehört bereits zur Reiteralm.

Im Taubensee nahe dem Pass am Wachterl spiegeln sich die hell beleuchtete Watzmann-Westflanke und der nördliche Teil des Hochkalters mit Steinberg, Schärtenspitze, Blaueisspitze und Hochkalterhauptgipfel.

Vom Hauptgipfel des Hochkalters ist hinter der rechten Baumspitze das Hinterberghorn zu sehen. Es gehört zur Hocheisgruppe, dem südlichsten Abschnitt des Hochkaltermassivs.

Den Watzmann-Grat von Süden her aus dem Wimbachtal aufsteigend zu überschreiten, ist ein äußerst mühsames Unternehmen. Das Watzmann-Haus stünde dann am Ende der Tour vor dem endgültigen Abstieg ins Tal. Empfehlenswerter ist, aus dem südöstlichen Talschluss des Wimbachgrießes auf den Trischübel, den Sattel zwischen Watzmann und Großen Hundstod zu gehen und von dort den steilen Grashang zum Hirschwieskopf hinaufzusteigen. Die Südspitze des Watzmann ragt dort unmittelbar vor einem empor.

Erholung im Einklang mit der Natur

Die Geschichte des Berchtesgadener Schutzgebietes könnte man auch als eine Geschichte der Konflikte zwischen touristischer Entwicklung und Naturschutz ansehen. Waren es am Anfang der schwungvolle Handel mit alpinen Blumen, dann die befürchtete Erschließung und Vermarktung des Königssees, die zum Pflanzenschonbezirk von 1910 und zum Naturschutzgebiet von 1921 geführt hatten, so provozierte schließlich die geplante Watzmannseilbahn 1978 den Nationalpark.

Der Nationalpark war nun gerade in dem Urlaubsgebiet Berchtesgaden mit dem Problem konfrontiert, dass die Väter des Nationalparkgedankens in der zweiten Hälfte des 19. Jahrhunderts dem Nationalpark als Auftrag eine großzügige Offenheit gegenüber den Besuchern mit auf den Weg gaben. „Zum Nutzen und zur Freude des Volkes" waren ihre Schlagworte. Damals mag dieses Anliegen harmlos gewesen sein. Unter den heutigen Bedingungen mit dem hohen Freizeitanteil und der großen Beweglichkeit der Menschen in unseren Regionen ist es nicht leicht, anspruchsvollen Naturschutz und Öffnung für Besucher in Einklang zu bringen. Der Konflikt zwischen Tourismus und Naturschutz konnte aber nicht in alle Ewigkeit weitergeführt werden. Eine Lösung in Form eines erträglichen Miteinanders musste gesucht und gefunden werden. In Berchtesgaden scheint dies gelungen zu sein.

Die Lösung besteht darin, nicht jeder denk- und machbaren Freizeitinitiative kritiklos nachzulaufen und sie überall und jederzeit umzusetzen. Nach wie vor sind die Spitzennennungen der Urlauberwünsche geruhsame Erholung in einer intakten Natur. Es folgen die Eigenständigkeit des Urlaubsortes und eine gepflegte Gastlichkeit. Für alle vier meistgenannten Urlauberwünsche bietet Berchtesgaden gute Voraussetzungen. Die erstgenannten Wünsche lassen sich sogar im Nationalpark weitgehend problemlos erfüllen. Wege und Steige sind – wie ein Schweizer Tourismusfachmann einmal formulierte – keine „landschaftsfressenden" Einrichtungen. Sie lassen sich ohne großen Flächenverbrauch geschickt in die Landschaft einpassen. Sie lassen sich auch so legen, dass ausreichend große Flächen als Rückzugs- und Ruhegebiete der Natur belassen bleiben. Was für die bodengebundene Erholung schon erprobt ist, wird auch für die Aktivitäten des Menschen in der Luft zu erreichen sein. Es kommt dann nur mehr darauf an, dass der Mensch mit seinem Anspruch als „homo sapiens" auch bereit ist, dieses Konzept anzunehmen und mitzutragen.

Oben:
Gipfelkreuz auf dem Hirschwieskopf mit Watzmann-Südspitze.

Unten:
Watzmannhaus

Der Autor und Fotograf

Dr. Hubert Zierl
wurde 1936 in Jachenau geboren. Als Sohn eines Försters spielten Wildnis und Naturwälder auch in seinem Beruf eine wichtige Rolle. Er studierte Forstwissenschaften und arbeitete unter anderem im Nationalpark Bayerischer Wald. Später leitete er den Berchtesgadener Nationalpark bis zu seiner Pensionierung im Jahre 2001.

Seite 82/83

Die Fotografen

Wolfgang Alexander Bajohr
verbringt den größten Teil seiner Zeit mit der Tierfotografie. Ehemals in der Werbebranche tätig, setzt sich der Rentner heute als Delegierter des Landkreises Starnberg im Landesbund für Vogelschutz für den Tier- und Naturschutz ein.

Seite 52 unten, 64 oben, 65, 91, 98, 108 oben, 117 oben

Cornelia Dörr
Die Autodidaktin begann vor etwa 10 Jahren mit der Naturfotografie. Ihre besondere Vorliebe gilt den bizarren Landschaften Patagoniens, genauso wie den Regenwäldern Mittelamerikas und der afrikanischen Tierwelt.

Seite 4/5, 12, 14/15, 49, 54, 74/75, 80 rechts Mitte, 90 oben, 105 Mitte, 109, Titelbild unten

Ramon Dörr
Seit acht Jahren fotografiert Ramon Dörr hauptsächlich Säugetiere und Vögel, die bereits in nationalen internationalen Wettbewerben ausgezeichnet wurden.

Seite 4/5, 12, 14/15, 49, 54, 74/75, 80 rechts Mitte, 90 oben, 105 Mitte, 109, Titelbild unten

Jürgen Henkel
widmete sich in den letzten 20 Jahren der Naturfotografie. Seine Bilder von heimischen Säugetieren, Vögeln, Makromotiven und Landschaften veröffentlicht er in verschiedenen Zeitschriften und Büchern.

Seite 24 oben, 34 links unten, 42 rechts unten, 43 rechts oben, 55 oben, 112, 120 rechts unten, 121 rechts unten, 124 unten, 125

Werner Henkel
beschäftigt sich bereits seit über 45 Jahren mit der Fotografie und hat viele seiner Aufnahmen veröffentlicht. Sein bevorzugtes Thema ist frei lebendes Wild. Um die Tiere in ihrer natürlichen Umgebung möglichst wenig zu stören, setzt er auf extrem leise Kameras wie die Leica M am Spiegelkasten.
Seite 31 rechts, 34 links oben, 41 oben, 52 oben, 58, 59 oben, 64 rechts unten, 69 unten, 72 oben, 80 Mitte links, 81 oben, 89, 111 oben, 117 unten, 120 links unten, 122, 123 oben, 124 oben

Marika Hildebrandt
ist in Berchtesgaden geboren. Die gelernte Schneiderin fotografiert seit vier Jahren in ihrer Freizeit und hat mit ihren Aufnahmen bereits erste Erfolge erzielt. Zahlreiche Bilder wurden veröffentlicht und ausgezeichnet.

Seite 35, 36/37, 41 unten, 56/57, 70/71, 72 unten, 73, 79, 84/85, 86, 92 unten, 93, 100, 106/107, 108 unten, 113, 114, 115, 116, 118/119, 120 oben, 123 links unten

Rolf Kosecki
Nach einer Fotografenausbildung studierte Rolf Kosecki Grafik Design und sammelte danach bei verschiedenen Bildagenturen Erfahrung. Seit 1990 ist er Inhaber der Sportbildagentur Rolf Kosecki.

Seite 96

Hans Kreidler
ist im Berchtesgadener Land geboren und lebt auch heute noch in dieser Region. In den 70er Jahren entdeckte er seine Leidenschaft für die Fotografie. Die Sportfotografie ist eine besondere Herausforderung für ihn, aber auch die grandiose Landschaft des Berchtesgadener Landes inspiriert ihn immer wieder.

Seite 32/33

Peter Nowak
entwickelte durch die Pfadfinder in frühester Jugend seine Liebe zur Natur. Nach jahrzehntelanger Arbeit als Reisefotograf widmet er sich als Rentner und Mitglied der Fotogruppe des Bundesbahnsozialwerks Freilassing nun der Natur seiner zweiten Heimat, dem Berchtesgadener Land.

Seite 34 rechts oben, 88, Titelbild

Fritz Pölking
Die Arbeiten des international renommierten Naturfotografen sind vielfach ausgezeichnet, u.a. war er mehrfach deutscher „Naturfotograf des Jahres", „Wildlife Photographer of the Year" und erhielt Preise im „World Press Photo"-Wettbewerb. Seit er vor über 40 Jahren mit der Naturfotografie begann, hat er die ganze Motivpalette der Natur fotografisch dokumentiert.

Seite 1, 39, 42 links unten, 51 unten, 55 unten

Dr. Michael Prittwitz
lebt in Berchtesgaden und ist seit seiner Jugend begeisterter Fotograf, Bergsteiger und Naturliebhaber.
Der Arzt fotografiert im Kleinbild- und Mittelformat.

Seite 30, 32 unten, 33 beide rechts, 40, 48, 51 oben, 80 oben, 81 unten, 87, 94/95, 101, 105 oben und unten, 110, 123 rechts unten

Norbert Rosing
zählt zu den besten Fotografen Deutschlands. Viele seiner Bilder wurden auf internationalen Wettbewerben prämiert. Seit 1985 arbeitet der Naturfotograf hauptsächlich für „National Geographic", das Magazin der amerikanischen National Geographic Society.

Seite 2/3, 6/7, 8, 22/23, 38 links unten, 42 oben, 43 rechts unten, 44/45, 53 oben, 59 unten, 60/61, 62/63, 64 links unten, 66/67, 68, 69 oben, 90 unten, 92 oben, 102/103, 111 unten, 121 oben

Rudolf Schicht
ist gelernter Fotograf und arbeitet für Ansichtskartenverlage und die Tourismuswerbung. Seine Leidenschaft gilt der Landschaftsfotografie. An der Volkshochschule Bad Reichenhall ist er als Dozent tätig.

Seite 16/17, 18/19, 20/21, 24 unten, 25, 26/27, 28/29, 31 links, 46/47, 50, 52 beide Mitte, 53 unten, 76/77, 77 rechts oben, 78, 97, 99 links unten, 104

Jürgen Waßmuth
ist von Beruf Bankkaufmann. Als Mitglied der Fotogruppe des Bundesbahnsozialwerks in Freilassing sind seine Spezialgebiete hauptsächlich Porträt- und Landschaftsaufnahmen sowie die Sport- und Actionfotografie.

Seite 38 oben, 38 rechts unten, 77 rechts unten, 99 oben und Mitte

Literaturverzeichnis

Walter Brugger, Heinz Dopsch, Peter F. Kramml (Herausgeber), Geschichte von Berchtesgaden, Stift - Markt - Land, Erster Band 1991, zweiter Band 1995, dritter Band 1998, vierter und letzter Band 2002
Anton Plenk Verlag, Berchtesgaden

Albert Hirschbichler, 2001, Berchtesgadener Land
Anton Plenk Verlag, Berchtesgaden

Manfred Feulner, 1969, Die berühmte Berchtesgadener Soleleitung
Berchtesgadener Schriftenreihe Nr.6
Verlag Berchtesgadener Anzeiger, Berchtesgaden

Manfred Feulner, 1980, Berchtesgaden und seine Könige
Berchtesgadener Schriftenreihe Nr.15
Verlag Berchtesgadener Anzeiger, Berchtesgaden

Manfred Feulner, 1982, Berchtesgadener Schicksalsjahre 1803 - 1816
Berchtesgadener Schriftenreihe Nr.17
Verlag Berchtesgadener Anzeiger, Berchtesgaden

Manfred Feulner, 1985, Berchtesgaden - Geschichte des Landes und seiner Bewohner
Verlag Berchtesgadener Anzeiger, Berchtesgaden

Dieter Meister, 2002, Das historische Gästebuch (in Vorbereitung, erscheint 2002)
Verlag Berchtesgadener Anzeiger, Berchtesgaden

Herbert Pfisterer, 1990 (2. erweiterte Auflage), Bad Reichenhall in seiner bayerischen Geschichte
Intergraphika Verlag, München

Markt Marktschellenberg (Herausgeber), 1998, Marktschellenberg - Aus der Geschichte der Gemeinde
Verlag Berchtesgadener Anzeiger, Berchtesgaden

Nationalparkverwaltung Berchtesgaden, 2001, Nationalpark Berchtesgaden
Anton Plenk Verlag, Berchtesgaden

Hubert Zierl (Herausgeber), 1995, Der Eigensinn der Schöpfung (vergriffen, zu beziehen durch die Nationalparkverwaltung Berchtesgaden)
Verlag Anton Pustet, Salzburg

Heinz Dopsch, 2001, Kleine Geschichte Salzburgs
Verlag Anton Pustet, Salzburg

Andreas Lange, Franziska Lange, 1995, Deutsche Nationalparke: Berchtesgaden
Edition Commerzbank
Vehling-Verlag, Werl i.W. - Basel - Graz

Horst Höfler und Heinz Zembsch, 2001, Der Watzmann - Mythos und wilder Berg
Bergmonografien 6
AS Verlag & und Buchkonzept AG, Zürich

Rudolf Kriss, 1994 (4. ergänzte Auflage), Die Weihnachtsschützen des Berchtesgadener Landes und ihr Brauchtum
Verlag Berchtesgadener Anzeiger, Berchtesgaden

Rudolf Kriss, 1973, Die Berchtesgadener Tracht
Verlag Berchtesgadener Anzeiger, Berchtesgaden

Eva-Maria Ilsanker, 1995, Nostalgische Reise durch das Berchtesgadener Land
Verlag Berchtesgadener Anzeiger, Berchtesgaden

Max Zeller und Helmut Schöner, 1986 (15. Auflage), Berchtesgadener Alpen, Alpenvereinsführer
Bergverlag Rudolf Rother, München

Heinz und Christine Zembsch, 1992 (4. verbesserte Auflage), Wanderführer Berchtesgadener Land
Kompass Wanderführer
Deutscher Wanderverlag, Stuttgart

Ewald Langenscheidt, 1994, Geologie der Berchtesgadener Berge
Verlag Berchtesgadener Anzeiger, Berchtesgaden

Ursula und Wolfgang Eckert, 1992, Das Berchtesgadener Land
DuMont Landschaftsführer
DuMont Buchverlag, Köln

Karten
Bayerisches Landesvermessungsamt München
Topographische Karte 1 : 50 000
Berchtesgadener Alpen
Topographische Karte 1 : 25 000
Nationalpark Berchtesgaden

WEITERE BILDBÄNDE AUS UNSEREM PROGRAMM

Der Rothaarsteig erschließt eines der abwechslungsreichsten Wandergebiete Deutschlands. Auf einer Strecke von ca. 160 km folgt er dem Rothaargebirge, das zusammen mit den angrenzenden Bergrücken Südwestfalens einen der längsten deutschen Höhenzüge bildet. Der Fotograf Klaus-Peter Kappest entführt uns mit seinen eindrucksvollen Bildern in die ausgedehnten Buchen- und Fichtenwälder, in denen vielerorts noch unberührte Naturlandschaften zu genießen sind.

Klaus-Peter Kappest, Rothaarsteig – Der Weg der Sinne
128 Seiten, 213 Abbildungen, Gebunden 21,5 x 28 cm
EUR 20,- / sFr 33,80
ISBN 3-934427-11-1

Auwälder begleiteten einst alle Flüsse und größeren Bäche Mitteleuropas, dort wo in den Tälern und Ebenen regelmäßig das umgebende Land überschwemmt wurde. Auwälder sind in Bezug auf die Artenzahlen die tier- und pflanzenreichsten Lebensräume Europas. Das Buch präsentiert die Schönheit und Vergänglichkeit der Auwälder.

Robert Hofrichter, Auwälder
160 Seiten, 160 Abbildungen, Gebunden, 28 x 24 cm
EUR 39,80 / sFr 65,80
ISBN 3-924044-88-0

In einer Zeit, in der uns Fernsehsender Naturdokumentationen aus den entferntesten Regionen der Erde präsentieren, mag die heimische Tier- und Pflanzenwelt unspektakulär erscheinen. Dabei verfügt Deutschland über eine vielfältige und schöne Natur. Das Buch ist eine Verführung zum Lesen und Betrachten und vermittelt ein erweitertes Naturverständnis.

Justus de Cuveland, Deutschlands wunderbare Natur
248 Seiten, 322 Abbildungen, Gebunden, 21,5 x 28 cm
EUR 34,80 / sFr 57,50
ISBN 3-924044-77-5

Die Faszination, die von Tierfilmen ausgeht, ist heute größer denn je. Tierdokumentationen laufen zu den besten Sendezeiten auf allen Kanälen und lassen uns teilhaben an der Welt der Tiere. Selbst verborgenste Verhaltensweisen scheuer und seltener Tiere werden heute mit der Kamera eingefangen. Pioniere wie Hermann Hähnle, Hans Hass, Bernhard Grzimek, Heinz Sielmann oder Horst Stern stehen an erster Stelle der spannenden Geschichte des Deutschen Tierfilms, die Gabriele Teutloff sachkundig erzählt.

Gabriele Teutloff, Sternstunden des Tierfilms
136 Seiten, 120 Abbildungen, Gebunden, 21,5 x 28 cm
EUR 24,50 / sFr 41,30
ISBN 3-924044-87-2

EDITION RASCH & RÖHRING